教育激変

2020年、大学入試と学習指導要領 大改革のゆくえ

池上 彰
ジャーナリスト

佐藤 優
作家・元外務省主任分析官

653
中公新書ラクレ

はじめに

今回の対談では二〇二〇年の教育改革について論じました。文部科学省や大学入試センターの改革への取り組みはすべて反対という議論もありますが、そんなに簡単なものではありません。

人は誰しも教育に関して言うべきことを持っています。みんな過去に教育を受けてきた体験があるからです。しかし、その体験は過去のもの。今はすっかり変わってしまったことを知らないままの論議も多いのです。このところ教育現場でもＡＩに関する議論が増えてきました。教育は、まさに激変しつつあります。

私はＮＨＫの記者としてさまざまな取材をしてきました。一九八〇年代後半から九〇年代にかけては文部省（現在の文部科学省）担当を含め教育現場の取材を続けてきました。受験戦争、落ちこぼれ、校内暴力やいじめ自殺、不登校、引きこもり等々の問題が次々に発生し、右往左往しながらの取材でした。

ところが、当時も今も政治家たちは、教育現場のエビデンス（証拠）にもとづかない議論をしています。すぐに出てくる言葉は「昔は良かった」というセリフです。「教育勅語」が発表された時代、いかに親殺し、子殺しが横行していたことか。そんな事実を知らないまま、「教育勅語があったから道徳が行き届いていた」と主張する政治家がいる恐ろしさ。

戦後、少年による凶悪事件の件数が減り続けていることに気付かないまま、「凶悪な少年事件が増えている」と言って、少年法の厳罰化を進めようとする政治家。

いわゆる「ゆとり教育」が何を目指し、どのような功罪があったかを検証することもないまま、「ゆとり教育は失敗だった」という主張の横行。

そんな政治家たちの議論をよそに、小中高校の現場では受験競争が激化し、特に一部の私立中学高校では、「受験予備校」化しています。これからの日本の教育はどうあるべきか。考えさせられることが多くなりました。

私は二〇〇五年にNHKを辞め、フリーランスのジャーナリストとして世界を取材してきましたが、還暦を迎えたところで、自分の生き方を見つめ直してみました。ここまで来られたのは、親が育ててくれたことはもちろんだが、日本の社会が私に教育を与えてくれたからではないか。還暦で人生は一回り。これからは、社会に恩返しすべきではないかと。

そんなことを考えている時、東京工業大学の先生方から、「うちの大学で教えませんか」という誘いを受けました。理系の若者たちに教え始めると、「教えることは教わること」と気付くようになりました。若者たちの発想と感性の鋭さに大いに刺激を受けることになったのです。

現在は八つの大学に籍を置き、このうち六つの大学では毎週の講義や夏の集中講義を通じて試験を課し、成績評価をしています。学生たちに自分の頭で考えてもらうため、試験は記述式です。結果、採点のために読む答案用紙は毎年一〇〇〇枚に達します。

そんな大学での教育の大切さを実感しているのは佐藤優氏も同じ。話しているうちに同じような問題意識を持っていることに気付きました。とりわけ大学入試センター試験の改革の方向性について関心が強いことから、大学入試センターの山本廣基理事長に話をうかがいました。

教育が大きく変わろうとしている現代をどう考えればいいのか。読者の判断材料になれば幸いです。

編集にあたり、南山武志氏と中央公論新社の中西恵子氏にお世話になりました。感謝しています。

二〇一九年三月

池上　彰

目次

鼎談

教育激変

２０２０年、大学入試と学習指導要領大改革のゆくえ

第1章

日本の〝病〟を進行させた教育の歪み

「受験刑務所」は知を育むか

池上　私は、今、東京工業大学で教えているのですが、いろんな意味で深刻だと思うのは、入ってくるのが圧倒的に首都圏の中高一貫私立校出身者で、地方の公立校の人間が非常に少ないことなんですよ。状況は、東京大学でも一橋大学のような大学でも同じでしょう。

佐藤　学生たちが均質化している。

池上　そうです。彼や彼女たちは、基本的に恵まれた環境に育ち、子どもの頃から塾通いをし、偏差値の高い私立学校で学び、とずっと同種の人間たちばかりのコミュニティーで育ってきました。頭はいいし性格も悪くないのだけれど、視野が狭い。難しい方程式をスラスラ解くことはできるのに、今世の中がどうなっているのかというようなことになると、全然知識がないのです。

かつての東大には、地方の公立高校出身者が多数いて、野武士のような若者たちが梁山泊を形成して、天下国家についても侃々諤々やったわけでしょう。今は、そんな雰囲気はまったくありません。当然、その環境は霞が関まで続いていて、そういう人間たちがごそっとそこに集まるわけですね。これは恐ろしいことです。

佐藤 それに比べれば、私が同志社大学の神学部で教えている学生たちは、同質的ではありません。

池上 同志社の神学部に行こうというのですからね。それは個性的なんじゃないでしょうか。

佐藤 確かに個性的です。偏差値七〇超の高校出身者が時々いるんですよ。受験競争を避けて神学部に来て、奇をてらってイスラムを専攻する。イスラムを専攻するのはいいのだけれど、動機が不鮮明だから、勉強に打ち込むことができず結局貴重な時間をロスしてしまう。一番教えがいのあるのは、偏差値が六五くらいで、ちゃんと目的を持って入ってくる人で、そういう学生はとても伸びますよね。やはり、目的を持って大学に入ってくるというのは、とても大事なのです。

池上 ただ、残念ながら、現実にはそんな学生は少数派でしょう。

佐藤　全体から見れば少数派です。多くの学生が大学で学ぶ目的を持てないでいる最大の要因は、やはり偏差値的に「いい大学」に入ることのみを目的にした、行き過ぎた受験勉強にあると言わざるをえません。有名大学への合格者数を競うような私学や受験産業のゴールは、とにかく東大に合格させる、早慶（早稲田大学、慶應義塾大学）に合格させることで、大学に入ってからの接続など何も考慮されてはいない。だから、ゴールを達成してみたら、そこで何をしたらいいのかが分からなくなってしまうのです。なんとなく東大法学部に入った若者たちは、今度は財務省に入ろう、外務省に行こう、要するに「偉くなろう」というのを目標にするようになる。

池上　そういう過程をたどって、成績さえ良ければ、偏差値さえ高ければある程度のことは許される、という思い違いがどんどん増幅されていくわけですね。

佐藤　中高の教育に関して言えば、教科書を見る限り、その内容がきちんと頭に入るのなら、日本の教育は決して劣っているわけではないと思うのです。ところが、偏差値至上主義の蔓延が、中高生から学ぶ喜びを奪い、学年が上がるにつれて勉強嫌いが増えるような状況を生んでいるわけです。

池上　どんなにいい教科書があっても、学びの場から半ばドロップアウトしてしまっては、意味がありません。

佐藤　ドロップアウトしなければOKかといえば、話してきたように、そうではない。一番顕著なのは、新興の学校で、きめ細かな受験指導を売りに東大や医学部の合格者を急速に伸ばしたようなところで、誤解を恐れずに言えば、受験刑務所化していますよね。だから、合格したとたん、学生は「刑期明け」みたいな感じになっている。

池上　ようやく娑婆に出られた。(笑)

佐藤　そういう高校から東大に行っても、早慶に行っても、その後活躍する人間はあんまりいない気がします。

池上　今では東大合格者数トップクラスになっているある学校は、偏差値レベルで言えば、かつてはまったく鳴かず飛ばずだった。なんとかしてもらいたいという使命を帯びて着任した校長が、定員割れを覚悟して合格ラインを上げたんですね。経営的には厳しかったのだけれど、我慢して三年続けたら、「あそこはこのレベルの子どもが行く学校だ」と、予備校が勝手に「評価」してくれて、自動的に偏差値が右肩上がりになったのです。ちなみにその校長先生は、かつて「生徒は馬、教師は調教師」とおっしゃっていました。

佐藤　実際問題、そこの卒業生で、社会に出てから光る仕事をしている人間が、どれだけいるでしょうか？

池上　それはよく分かりませんが、その学校に限らず、受験に必要なことだけを思い切り詰めこんで、ようやく東大に合格したようなタイプは、それでいっぱいいっぱいで、伸びしろがないいんですね。

佐藤　詰めこみ方も歪《ゆが》んでいたりするわけです。例えば、公務員試験には微分法が必ず出題されます。ところが、ある有名な公務員試験の受験参考書には「冪《べき》数を前に出して、掛け算をして、そこから1を引けば答えが出る。なぜそうなるかの原理は知らなくてもいい」といったことが、堂々と書かれています。

池上　ひどいなあ、それは。

佐藤　無線工学を知らなくても、マニュアルがあれば、携帯を使いこなせるでしょう、ということがその参考書に書いてある。学習塾や「受験刑務所」などでは、似たような

「教育」が行われ、志望校に受かることが自己目的化した生徒たちも、そういうテクニックをなんの疑問も抱かずに吸収しているわけですよ。

池上 原理原則が分かっていなかったら、一切応用がききません。「伸びしろ」どころの話ではありませんね。

佐藤 外務省時代に、こんな経験をしました。勤務していたモスクワの日本大使館に、特製の「盗聴防止部屋」があったんですね。部屋の中にアクリルの台座を置いて、その上に築かれた「箱」です。天井も壁もすべてアクリル仕様で、箱の外側で雑音テープを大音量で流していた。箱の中は完全に防音がされています。秘密のミーティングなどは、その部屋に入ってしていたのです。ところが、ある時、ラジオを持ちこんでスイッチを入れてみたら、普通に放送が聞けたわけです。つまり、外部と電子的に遮断されていなかった。慌てて上司に事の次第を報告すると、「若造の分際で、本省の専門家が設計したものに意見をするとは、どういうつもりだ」と、こっぴどく叱られました。

怖いな、と思いましたね。叱られたからではなく、電波が入るということは、イコール盗聴が可能なのだという基本知識が、その東大出の外交官にはないのだ、ということを。

池上　東大に入るためには、必要のない知識だったのではないでしょうか。（笑）

佐藤　しかも、権威のやることは絶対という環境に慣れてしまったがために、合理的な思考ができなくなってしまった。以来、私はその部屋で重要な話はしませんでしたけれど、幹部たちは変わらず使っていました。そこで話されていたことは、全部ソ連に筒抜けだったことでしょう。

池上　それも、教育の歪みが生んだ笑えない実例ですね。

佐藤　そうかと思えば、同じ中高一貫でも、受験勉強は最後の一、二年間しかさせないという、武蔵高等学校中学校のような学校もあります。私は昨年春、中学二年から高校二年の一〇人の生徒に授業をしたんですよ。

池上　あの学校は、大学入試センターの「センター試験」が導入されてから、東大合格者数が減ったんですね。東大の二次試験は解けるのだけれど、その前のセンター試験でいい点が取れないのです。

佐藤　だけど、教えた中学生の中には、大学レベルの授業に十分ついて来られる子もいて、驚きました。しかも、生徒たちには、他人の気持ちになって考える共感力があった。「受験刑務所」化していない証拠です。

先生と話していると、口には出さないけれども、受験には適性があるという思いが伝わってくるんですね。「覚えて再現する」という試験にも向き不向きがあるから、一、二年間頑張って、向いていないと思ったら無理して難関大学を目指す必要はない。受かる大学でしっかり勉強して、そこで上位層に食いこむほうが、よほど意味があるだろう、と。実際に生徒を教え、先生たちと話してみて、あそこの教育はグローバルスタンダードに耐えうるんじゃないかと、私は個人的に思いました。

あえてそういう経験をお話しするのは、特定の学校を持ち上げることが目的ではありません。日本の教育が大変なことになっているのは確かなのだけれども、かといって「総崩れ」になっているわけではない。そこも正確に見ながら必要な改革を進めていくことが大事だ、と考えるからなのです。

魚は頭から腐る

佐藤　今回、池上さんと教育問題について語り合おうと思ったもともとのきっかけは、実はちょうど一年前ぐらいに起こった福田淳一元財務事務次官のセクハラ事件でした。女性記者に対して発した言葉の数々を週刊誌にリークされ、録音まで公開されてしまった。

池上　あれ以降も、政治家や教師や警察官、芸能人なんかも同様の事件を次々に起こしましたから、福田さんの一件は大昔の出来事のようですね。

佐藤　のっけから、ちょっと脇道に逸《そ》れますが、私はあの事件の一報を聞いた時、他人事には思えなかったんですよ。

池上　えっ、佐藤さんも身に覚えがあるんですか？

佐藤　そうではなくて、彼は一九七八年県立湘南高校卒、私は同じ年に県立浦和高校を卒業しているのです。

池上 神奈川と埼玉の公立校のライバルですね。

佐藤 浦和高校と湘南高校は当時、毎年、定期戦を行って学校全体で交流していました。彼は、三年生の時に生徒会長をやっているはずなんですが、私も生徒会に関わっていました。

池上 ああ、どこかですれ違っている。

佐藤 福田さんのことが「リーゼントの生徒会長」と報じられましたけれど、そういえば、という気がしないでもないのです。

池上 二人ともこんなに波乱万丈の人生を送ることになるとは、当時は思いもしなかったでしょうね。(笑)

佐藤 まったくです(笑)。話を戻すと、財務事務次官といえば、あまたいる官僚の中でもトップの中のトップです。むろん東大法学部卒で、在学中に司法試験にも合格している。そんなこれ以上望みようのない経歴の持ち主が、女性に対して誰が聞いても「アウト」の発言を繰り返しただけでなく、録音があると分かったとたん、「全体を聞けば分かる」などと幼稚な言い訳でその場を逃れようとしました。

池上　彼は当初、発言自体「記憶にない」と言っていたわけです。「全体」をいつ思い出したのでしょう？

モリカケ問題で露見した「忖度」や、文書の紛失、改竄、「統計不正」問題なども含めたお役所の一連の出来事を見るにつけ、私は霞が関がここに来て急に劣化したというより、単に「見える化」したんだな、という感想を持ちました。ベールを剝がしてみたら、中は信じられないことになっていた。いつか明るみに出るかもしれない悪事を堂々と働き、バレたら詭弁を弄したり、開き直ったり。一番理解できないのは、それで逃げ切れると彼らが思っているらしいことです。

佐藤　まさに問題は、そういう普通の人間との意識のズレがどこから来るのか、ということだと思うんですよ。福田さんと同じ頃、いわゆる援助交際が発覚した新潟県の米山隆一知事が辞職するという事件もありました。彼の学歴もすごくて、灘高校から東大医学部に行き、やはり旧司法試験にすっと受かっている。福田さんが秀才なら、こちらは超秀才と言っていいでしょう。ところが、若い女性に好きになってもらいたくて、立場もわきまえずにお金を払って関係を持ち続けていた。

そういう出来事によって、少なくとも、優れた高等教育を受けている人間は品性も申し分ないはずだというのは、大いなる幻想であることが、あらためて明確になりました。人の能力、学歴と、品性、倫理観というものは、まったくの独立変数だったわけです。でも、考えてみると、これは大変なことです。

池上 福田さんは、子どもの頃から「頭がいい」と周囲にちやほやされて育ち、高学歴で中央官庁それも財務省に入って出世して、ついに事務方のトップにまで上り詰めた。だから、自分はオールマイティーの力を手に入れた、もう何をやっても許されるんだ、というような勘違いが、どこかにあった気がしますね。

何か問題が起こっても、マスコミは「最強官庁の財務省で」というような言い方をするでしょう。中にいる連中は、悪い気はしないわけです。その手の歪んだエリート意識のなれの果てという感じがします。

佐藤 そういうふうに考えていくと、彼らの問題というのは、つまるところ教育の問題なのではないかと思ったんですね。

世のお母さんたちは、わが子にいい大学を出てほしい、いい会社やお役所に入って出世してほしい、と願うでしょう。でも、福田さんや米山さんのようになってほしいと思うお母さんは、あまりいないはず。なぜそんなふうになってしまったのか、そうならないためにどうしたらいいのか、という問いに対する答えは、彼らのような人間を育てた教育に求めるしかない。

池上　ひとことで言えば、偏差値至上主義教育の弊害ですよね。成績さえ良ければなんでも許されるという風潮がはびこり、知らずしらずそうしたマインドに支配された人間たちが国や地方政治の中枢に座り、その驚くべき品性が「見える化」によって誰の目にも明らかになってしまった。彼らのような振る舞いが広い意味での教育の問題に起因するというのは、まったくそのとおりだと思います。

佐藤　ロシアに「魚は頭から腐る」という諺《ことわざ》があります。日本のエリート層のこの現実は、彼らを叩《たた》いて引き摺《ず》り下ろせば済む問題ではありません。

池上　根本的なところに目を向けなければ、累は国全体に、ひいては国民に及ぶことになるでしょう。

劣化する「読解力」

佐藤　あえて官僚の肩を持つならば、問題があるエリートは、彼らに限りません。例えば、北朝鮮の脅威が騒がれていた二〇一七年四月の参院外交防衛委員会で、安倍総理は「サリンを弾頭に付けて着弾させる能力を、すでに北朝鮮は保有している可能性がある」と言いました。弾道ミサイルは、一度大気圏外に出てから再突入します。再突入の際の高熱に、サリンなどの毒ガスや細菌兵器は耐えられない可能性が高い。そんな非効率な兵器を、資金のない北朝鮮がつくるのでしょうか？　一国の総理が、怖がる必要のないもので国民を怖がらせるようなことをしてはいけないのです。

あるいは、ロシアのプーチン大統領が、二〇一八年九月十二日にウラジオストクで開かれた「東方経済フォーラム」全体会合の席上、安倍総理に向かって「あらゆる前提条件を付けずに、日ロ平和条約を年内に締結しようではないか」と提案しました。すると、メディアは一斉に、「提案を飲めば、領土問題は先送りになる」と報じたわけです。「即刻、拒否の意思を示すべきだった」という社説を掲げた新聞社もありました。多くの政治家やジャーナリストを称する人たちも、同様のスタンスです。

池上　みんな、国の中ではエリートですよね。

佐藤　そうです。突然のように聞こえるプーチン提案の意味を冷静に分析して、国民に分かりやすく説明したり、方針提起したりするのが仕事のはず。にもかかわらず、どうして揃《そろ》いも揃ってそんな「読み方」になるのか。

プーチンの頭の中には、常に「五六年宣言」（一九五六年の「日ソ共同宣言」）があります。当時のソ連と日本の議会で批准されたもので、これは義務的だという認識を前提に、話をしているんですね。では、そこになんと書かれているのか？　「平和条約交渉を継続し、締結後に歯舞群島、色丹島の引き渡しを行う」という両国の合意が、はっきり明記されているのです。条約文書をそのまま読めば、領土問題を「迂回」することになどならないわけですよ。平和条約が結べないと、領土引き渡しはできない。平和条約を締結した後で歯舞群島と色丹島を返還するという点では、プーチンはまったくブレていません。

そのことは、「五六年宣言」を普通に読めば分かるはず。なのに「誤読」してしまうというのは、私に言わせれば読解力の問題です。教育の機能不全が、そういうところで顔を出すわけです。

池上 あえて言えば、条文はもとより、その紙背にある歴史的経緯とか現在の地政学とかいうものも含めた「読解力」ですね。外交文書を誤読したら、下手をすれば戦争を招きかねないですから、深刻な事態と言わざるをえません。

佐藤 教育がそうした日本の劣化を招いているとするならば、それを食い止め、国を建て直す作業もまた、教育によってなされなければならないでしょう。

池上 同感です。非常に難易度が高いし、時間もかかるミッションだとは思いますけれど、何か近道があるわけではありません。

佐藤 後で論じますが、池上さんとは、二〇二〇年度から始まる「大学入学共通テスト」の評価などについて、必ずしも多くのメディアや教育評論家の意見に与《くみ》しない、そう意味では「異端」であるという点で、ベクトルを同じくするところがあります。お互い、大学で教鞭を執っているという共通点もあります。そういうスタンスから、今の日本の教育の抱える問題点、改革の方向性などについて意見を交わし合うことで、現状を打開する一助になればと思うのです。

際限なき「コンプレックスのピラミッド」

池上　東工大の学生たちを見ていて、「均質化」とともにもう一つ気になるのは、入学してからも「東大に入れなかった」というコンプレックスに苛《さいな》まれている学生が、少なからずいることなんですよ。私なんかからすると、どこが不満なんだと言いたくもなるけれど、要するにセンター試験で文系科目がイマイチだったので、やむなく第二志望のここにした、という学生がいるのです。有名中高一貫校を出た学生たちには、それくらい強固な、東大を頂点としたヒエラルキーが存在するわけです。

佐藤　一橋の学生なんかにもあるでしょうね。逆に、理科がもう少しできていれば、東大に行けたのに、と。

池上　見事な「コンプレックスのピラミッド」と言うしかありません。実は、それは東大に入ったら入ったで細分化されて、「文Iに入れなかった」「理Ⅲに行けなかった」ということになるんですね。

佐藤　その手のコンプレックスには際限がありませんから、法学部に行ったら、今度は三年生のうちに司法試験予備試験に受かったとか、受からなかったという話を始める。

池上　そういうのは以前からあったとは思うのですが、とてつもなく馬鹿馬鹿しいヒエラルキーが、ますます強固に固定化されているように感じられて、仕方ないのです。ヒエラルキーの上位に行くことが自己目的化されると、「とにかく、お前は抜群に頭がいいのだから、東大の理科Ⅲ類に行け」ということになる。ところが、晴れて医学部生になったものの、「やっぱり医者は向いていません」という人間が、たくさん出てくるわけです。「人と話をするのが苦手ですから、診察は無理です」とか。

佐藤　血を見るのが大嫌いとか。(笑)

池上　そうそう(笑)。そういう漫画みたいなことが、実際に多発するわけです。

佐藤　それでは、なんのために苦労して東大生になったのか分からない。リアルな話をすれば、学者と官僚になりたかったら、やはり東大を目指すのがいいのかもしれません。

池上　なるほど。

佐藤　でも、他に「東大出身」が優位性を持つ職業って、何かあるでしょうか？　あえて言えば受験に過度なエネルギーを注ぎこむよりは、さっきの武蔵の話ではないけれど、できるだけ視野狭窄にならないような学力を身につけて、そこそこの大学で頑張ったほうが、充実した人生が送れると思うのですよ。

池上　中央の官僚は、やっぱり東大出身が多い。そこで学閥を作るわけですね。

佐藤　ただ、私がいた外務省というところは、昔、海外の大学を卒業した外交官の子弟だとかに学歴不問で道を開いていたこともあって、学閥ができにくく、東大出身者の比率もそんなに高くはないんですよ。東大を出たからといって、語学力に難があれば海外での人脈も作れないから、意外と梁山泊なのです。まあ、あまりやりたいようにしすぎると、逮捕されたりしてひどい目に遭うのだけれど。(笑)

池上　報道機関にも東大出身者は大勢います。民放では、編成部門の上のほうは「編成官僚」と呼ばれていて(笑)、東大出が多い。NHKの中の東大出身者にも、本当に優秀な人がいる一方、プライドだけは高いけれど、仕事は決してできるわけではない人たちも多い。他人の痛みや悲哀が分からないから、他人とのコミュニケーションが取れないという人がいたのも事実です。

佐藤　まさに共感力の問題ですね。もちろん、その場合に一番被害を受けるのは周囲の人たちですけれど、本人も哀れといえば哀れ。そういう人間をつくらないことこそが、教育の本来の意味であるはずなのですが。

実は「東大問題」というのは、結構深刻になりつつあるのではないかという気がするのです。「ヒエラルキーの上位を目指した東大生」ばかりになった結果、東京大学自体のレベルが低下しているのは確かではないでしょうか。

池上　世界の大学ランキングでも、低落傾向が否めない。まあこれは、東大に限ったことではないですけれど。

佐藤　メディアでも、新聞社の幹部などを見ていると、かつての東大卒と最近のそれとでは、問題処理能力とか、そもそもの腹の据わり方に雲泥の差があるわけです。「学者と官僚」と言いましたけれど、逆に言えば、そこにしか優位性がなくなったという見方もできます。「受験刑務所」からどんどん受け入れるような状態が今後も続くのならば、東大の凋落は避けられないと思いますよ。

教育に影を落とす経済格差

池上　「学生の均質化」という話をしましたけれど、特に偏差値レベルの高い大学でそうした現象が進む背景に、親の経済格差の拡大という問題があることを無視することはできません。視野狭窄だろうがなんだろうが、彼らは高校時代までそれだけの教育を受けさせてもらえる環境が用意されていたわけです。逆に言えば、親に経済力がなければ、東大には入れない状況に、いつの間にかなってしまいました。

佐藤　親が生活を切り詰めて、子どもをいい大学に行かせるというのは、おとぎ話の世界になりました。

池上　この問題も以前から指摘はされていて、「教育無償化」に向けた動きもあります。ただ、根本にある格差については、改善に向かうどころかますます厳しい事態になっていますよね。奨学金をもらい、アルバイトに明け暮れて、大学の授業に出られないという学生が増えています。

佐藤　そこをなんとかしないと、状況は変わらないでしょう。ちょっと教育そのものから は離れますが、格差とか雇用とかに関する今の政府の無為無策ぶりを見ていると、これは「確信犯」ではないかという気さえ、私にはするのです。

池上　というのは？

佐藤　例えば、ご承知のように四〇代くらいで親と同居・未婚のパラサイト・シングルが、世代人口の一七％というような状況になっています。

池上　バブルが崩壊してデフレになった中で、非正規労働に就いた人が大量に生まれた。一度非正規になってしまうと、所得が低い状態を抜け出すことは困難で、その結果結婚もできなかった人たちが、もう相当いい年になります。親にパラサイト（寄生）していられる、つまり年金がちゃんと出る親の世代にくっついていられるうちはよかったのだけれど、その人たちがいなくなったらどうなるか？　本当に高齢の独身の人たち、しかも生活保護に頼らざるをえなかったり、あるいはホームレスになったりする人たちが大量に出てくるという、まさに悪夢としか言いようのない時代の到来することが、想定できるわけですね。

佐藤　そのとおりです。なのに、政府はただ傍観しているとしか思えないのです。その現実を見ると、「もうこの世代は仕方ない」と考えているのではないか、と勘ぐりたくなるんですよ。そんなにたくさんの生活保護費は出せません、ホームレスになったのも自己責任ですね、と。そうやって、なんとかその世代をやり過ごしつつ、今の一〇代、二〇代には目いっぱい危機感を持ってもらう。ああなりたくなかったら、早く結婚して、自分の身は自分で守ってください……。

池上　いやいや、そこまでの戦略性を持っていたら、逆に大したものです。（笑）

佐藤　結果としては、そういうことになります。実際、今の二〇代の人たちは、焦って早く結婚したがるし、自分に自信のない人ほど会社を辞めないですよね。その代わりに、うつを抱えたりするんだけれども。

だから、詳しくシミュレーションせずとも、一〇年後、一五年後どうなるか、みんな見えるわけです。にもかかわらず、なぜそこに手を付けようとしないのか。

池上　今を乗り切ればいいと考えているのか、そもそもそんなふうに大変なことになるという想像力を欠いているのか、そのどちらかではないでしょうか。そこも教育の問題と言えば言えるのでしょうけれど。

AI時代に必要な能力は何か

佐藤　さらに言わせてもらうと、AI（人工知能）の「騒ぎ」にも、十分な注意を払う必要があると思います。

池上　AIの能力が人間の知能を超えるという「シンギュラリティー」ですか。

佐藤　今の無為無策の故に構造的に生じてくるであろう大量の失業者の発生を、AI化のせいにしようとしているのではないか、とも私は勘ぐっています。

池上　ああ、なるほど。それはありうるかもしれません。

佐藤　大量の人員整理も、AIの導入による産業の構造転換、技術革新によるものなのだからやむをえない。そういう言い訳に使われる可能性があるのではないでしょうか。

池上　あなたが失業したのは、政府の無為無策じゃなくて、AIのせいだと。

佐藤　ＡＩをめぐる議論に、異常とも思えるほど官僚が関心を示したりするのは、直感的に「これは使える」と気付いたからではないかと思えて、仕方がないのです。

池上　そういうところの勘は、鋭いから（笑）。言われてみれば、無為無策の言い訳には最高のカードですね。シンギュラリティーと言われても、実はみんなよく分かっていないわけだし。

佐藤　国立情報学研究所教授で数学者の新井紀子さんの『ＡＩ vs. 教科書が読めない子どもたち』という本に感銘を受けて、対談したことがあるんですよ。彼女は第一線で活躍する研究者ですが、「シンギュラリティーなど絶対に起こらない」と主張しています。

池上　東大入試に挑んだＡＩロボット「東ロボくん」のプロジェクトに関わった人ですね。東大は難しかったけれど、有力私立大学の入試なら突破できるだけの実力をつけさせた。その本は私も読みました。

佐藤　彼女がシンギュラリティー論を退ける論理は明快で、要するに「ＡＩは計算機だから数式に置き換えることのできないことは計算できない」「人間の知能の営みを数式に置き換えるのは無理」ということなんですね。それをいろんな具体例で説明していく話には、巷《ちまた》の「ＡＩが人類を滅ぼす」的な言説を一蹴するに足る説得力があります。

池上　あれを読んでほっとした人も多かったのではないでしょうか。

佐藤　結局、シンギュラリティーに対する確信は一種の宗教的信念だというのが、私の理解です。

池上　ＡＩの専門家を自称する人の中には、これからはＡＩがすべてを支配することになる――ということについてとうとうと説く人もいらっしゃいますが、そうではないということですね。

佐藤　ただ、新井さんは「ＡＩは人間の仕事を奪わない」と言っているのではありません。

池上　そうですね。本の中では、非常に大事なのは読解力だと指摘しています。計算しかできないＡＩには、実は文章の意味を理解することができない。そこで優位性を保っていれば心配することはないのだけれど、「教科書が読めない」のでは、計算能力に長《た》けたＡＩにどんどん仕事を奪われていく。

佐藤　ＡＩリテラシーを備えた人間に、情報やお金が集まっていくという現象は、避けられないかもしれません。必要なのは、どうやってそのリテラシーを身につけていくのかということだと思うのですが。

池上　新井さんは、独自に実施した中高生対象のテストで、彼らのあまりの読解力の低さに驚き、警鐘を鳴らしたのですね。「AI時代を見据えた教育」というのならば、シンギュラリティーを騒ぎ立てる前に、AIに真似のできない力を育むためにどうするのかを考え、実行すべきであることは明白です。

「破壊願望」の台頭を軽視するな

佐藤　格差の話を続けると、私は前原誠司氏（国民民主党衆議院議員）と話をしていて、とても興味深く感じたことがあるんですよ。民進党時代に、代表選で「All for All」というスローガンを掲げたでしょう。

池上　「格差是正の枠を超えて、あらゆる生活者の不安を解消することを目指す政策理念」と説明されています。

佐藤　どちらかというと竹中平蔵氏に近いような自己責任論者だったはずの彼が、どうしてそんなことを言い始めたのか？　話を聞いてみると、前原氏の政策づくりにも関わった慶應義塾大学経済学部の井手英策教授などと語り合っているうちに、はたと気付いたと言うんですね。

彼は、中学二年生の時に父親が借金を抱えて自殺して、母子家庭の境遇になったわけです。とにかく努力して京都大学法学部に入るのだけれども、学費や生活費を稼がなくてはいけないから、塾の講師から魚市場のバイトからいろんな仕事を掛け持ちして、その結果大学の授業では寝てしまい、ドイツ語の単位を落として四年では卒業できなかった。卒業後は外交官になりたいとも思ったのだけれども、受験勉強できるような経済環境ではなかった。勉強を続けていけるのが、松下政経塾だったんです、と。

池上　かつては結構いた、典型的な苦学生ですね。

佐藤　ただ、自分はそうやって人一倍頑張って、母子家庭の境遇の中から這《は》い上がれたのだけれども、考えてみれば、あれは経済が右肩上がりの構造があるから可能だったのだ、と言うのです。もし今、自分と同じような境遇、能力の中学二年生が京都にいたとして、自分と同じように大学を出られるかといえば、絶対に無理だという結論にしかならない。だから「Ａｌｌ　ｆｏｒ　Ａｌｌ」の方向に転換しないといけない、と思ったのだそう。

池上　昔は、貧しいとはいえ頑張れば、ギリギリなんとかなる可能性はあった。曲がりなりにも、社会の支援体制もあったわけですね。今、経済的な「負け組」になった家庭から子どもを大学に通わせるのは、国立であっても絶望的に困難です。授業料は上がり、奨学金も「教育ローン」みたいなものだし。

佐藤　そうした家庭は、生活を維持するので、精一杯でしょう。彼は、自分は苦労したけれども、それも蓄積になった。経済格差で取り残される今の子どもたちには、そういう苦労をする可能性さえ残されていないではないか、と言うわけです。

池上　一方で、経済的に恵まれた家庭の子どもたちは、偏差値の高い学校に入るテクニックを身につけて、社会に出ればより多くの収入の得られる仕事に就いていく。教育が、格差を助長し固定化する仕組みとして機能しているかのようです。

そういう格差社会になってくると、どう頑張っても「勝ち組」になれない人たちの閉塞感が、ものすごく高まりますよね。気をつけなければいけないのは、そうした状況の中で破壊願望のようなものが頭をもたげてくることです。破壊だろうがなんだろうが、世の中は変わればいいいんだ。あるいは、狡《ずる》く立ち回って勝者になった奴は許せない、引き摺り下ろせ、という。

佐藤 実際、二〇〇七年には、当時非正規雇用だった赤木智弘氏が「『丸山眞男』をひっぱたきたい――31歳、フリーター。希望は、戦争。」という論文を書き、若者たちから一定の支持を得たりもしています。

池上 あの指摘にはびっくりしましたけれど、なるほどな、という感想も持つのです。それが恐ろしい。

日本に新自由主義的な政策が導入されたのは、一九九六年に成立した橋本龍太郎内閣からなんですね。

佐藤 そうです。予算に上限を設けるキャップ制とか、省庁再編とか。

池上 もう護送船団のように銀行は助けない、日本の金融市場をアメリカ並みにするんだ、と〝金融ビッグバン〟を断行したりした。今のような格差のルーツはそこで、その路線を引き継いで顕在化させたのが、小泉純一郎内閣の「小泉・竹中路線」です。ということは、新自由主義に舵《かじ》を切ってから一〇年足らずで、「希望は、戦争」になったわけです。

佐藤　ある意味、政策転換の効果はてきめんでした。

池上　小泉・竹中路線について言えば、派遣労働をさまざまな職種に広げたというのが、なんと言っても大きかった。それまで派遣労働というのは、SE（システムエンジニア）だとか、特別な技能を持っている人が現場に行ってお手伝いしますよ、というあくまで助っ人的だったものが、結果的にあらゆる業種に認められて、非正規労働者が急増するという結果を招いたのです。

ここでも冷静に振り返っておくべきなのは、新自由主義的なことを言う小泉改革を、それを実行すれば明らかに格差が広がって、「負け組」に落ちるはずの人たちが、熱狂的に支持したということです。

佐藤　その前の森喜朗内閣の手詰まり感もあったのだけれど、破壊衝動みたいなものがエネルギーになりましたよね。

池上　そうです。少なくとも今の世の中をひっくり返してくれる、何か変わるのだろう、と。あえて分析すれば、それはアメリカのトランプ現象と同様の構図です。どうみても富裕層代表の大統領に、貧しい白人の労働者たちがトランプだったら何かやってくれるのではないかと強い期待を寄せ、熱狂的に支持しているのだから。ということは、今の日本でも、ああいうタイプの政治家が出てきたら、やっぱりかなりいいところにいくような気がしますね。

佐藤　そうだと思います。

池上　教育から話が逸れましたけれど、本来教育は、理不尽な格差を生まないような知恵を育むためにあるのであって、それを固定化する道具になるのでは、本末転倒です。

佐藤　適正な競争と格差は、全然別モノですからね。そうしたことも踏まえて、では眼前に提起されている「教育改革」についてどう考えたらいいのかに話を進めていきたいと思います。

第2章

是か非か？
二〇二〇年「教育改革」

連合赤軍が生んだ「共通一次」

佐藤　日本では、まさに今から戦後最大とも称される「教育改革」が実行されようとしています。ポイントの一つが、二〇二〇年度、二一年一月から従来の「センター試験」に代わってスタートする「大学入学共通テスト」、いわゆる「新テスト」にほかなりません。本番に向けて一七年に約一八万人、一八年に約八万人の高校生を対象にした試行調査（プレテスト）が行われ、その内容や結果をめぐっても、さまざまな評価が飛び交いました。

この点については、池上さんと私の見解は似ていて、しかも世間的にはどちらかというと「異端」だという話はすでにしましたが、そこに行く前に、大学入試センターの手掛けた試験の歴史を振り返っておきましょう。今回の改革を理解するうえでも重要なことだと思うのです。ぜひ「池上解説」をお願いします。

池上　それぞれの大学の本試験（二次試験）の前に、国公立大学の受験生全員に同じ問題を解かせる「共通一次試験」、正確には「大学共通第一次学力試験」が導入されたのは、一九七九年一月でした。実施主体は、この試験のために七七年に設立された大学入試センターで、今は独立行政法人になっています。

ところで、この共通一次、実は連合赤軍事件が導入の一つのきっかけになりました。

佐藤 彼らは、「総括」と称したメンバーへのリンチや「処刑」を行い、七二年二月には「あさま山荘事件」を起こしました。

池上 それがなぜ大学入試に関係するかというと、メンバーの中に横浜国立大学や弘前大学といった当時の国立の「二期校」の学生が数多く含まれていたんですね。それがクローズアップされて、「なぜだ?」ということになった。

共通一次試験が導入されるまで、国立大学の入試は「一期校」「二期校」に分かれて、各大学が独自の選抜試験を行う形で実施されていました。ちなみに、東大、京大をはじめとする旧帝大といわれるところは、全部一期校。試験日は、前者が三月の上旬、後者が下旬です。その結果、一期校が本命で、そこに落ちたら二期校に行く、というような序列ができました。

佐藤　要するに一軍と二軍だったんですね、野球で言うと。

池上　そうなんです。で、連合赤軍事件の犯人たちが、その二期校の学生ばかりなのはどうしてかということになって、当時の横浜国立大学の学長が国会に呼び出され、追及を受けたのです。その場で学長は、「当校には、さまざまなコンプレックスを抱えている学生も多く、それがこういう過激な行動に結びついた可能性もあります」という趣旨の発言をするわけですね。それを受けて、自民党をはじめとする国会議員たちが、横浜国立大学に視察に行きました。すると、確かにみんな暗い顔をしている、これは問題だ、という話になった。

佐藤　だから、序列をなくそうと。

池上　一期、二期の区別を撤廃し、みんな一遍に受けられるような制度にしよう。どこかに落ちたからこっちではなく、最初から行きたい大学を選んで受験できるように改めようではないか、ということになったのです。それが一つ。

　加えて、旧国立二期校の多くは、幅広い学部を擁する総合大学ではなかったために、先生のほうも、どうしても入試問題を作る力を持っている人間が限られてしまうという問題がありました。結果的に奇問・難問が多くなり、本当の意味で学力を測るのは難しい。でも、優れた先生を集めて問題を作り、全大学一斉の試験を実施するシステムにすれば、そのネックも解消できるのではないかと考えられたんですね。大きく言えば、この二つの要素から、共通一次の導入が実行に移されたのです。

佐藤 一大入試改革ではあったのだけれど、しかし、それで序列化の解消とはいかなかったんですよね。

池上 そうです。何年かすると、当時すでに当たり前のように使われていた偏差値という物差しで、全国の国立大学が容赦なく輪切りにされ、より厳しく序列化されることになったのです。その結果どういうことになったかというと、典型例としてやはり私が教えている信州大学のことを話せば、昔は二期校の信州大学には長野県出身者で東大にギリギリで落ちたような諸君と、最初からそこを狙っていた学生との両方がいたんですね。学力差がある一方で、多様な学生がたくさん集まってきたために、活気があった。ところが、偏差値で輪切りにされたことで、学生は均質化され、「自分はここにしか来られなかった」というコンプレックスを、より強く抱える環境になったわけです。かつてのような覇気も活気も、希薄になってしまいました。

佐藤　学内に猪瀬直樹氏みたいな異彩を放つ人間が、いなくなってしまった。

池上　それは、分かりやすい例かもしれません（笑）。もちろんそうした停滞は、信州大学に限った話ではありませんでした。そこで、九〇年から共通一次試験を継承する形でスタートしたのが、二〇二〇年まで行われる「大学入試センター試験」です。

共通一次からの大きな変更点は、各大学・学科が必要な科目を設定し、受験生はその中から選んで受験することができるようになったこと。

また、国公立はその後各大学で実施する二次試験を、基本的に前期日程と後期日程の二度行うことになりました。同じ大学・学部を二回受けてもよし、東大と京大を受験するようなことも可能になりました。

佐藤　大学入試センターの試験に私立大学の「参加」が認められたのも、大きな違いですね。

池上　しかも、指定する科目はどれでも、いくつでもいい。要するに「科目のつまみ食いでいいですよ」ということになって、現在まで、多くの私立がこの試験を利用しています。その後、後期日程を設定する大学は減ってしまいましたが。
以上が、これから始まろうとしている大学入試改革の大まかな前史です。

入試改革をめぐる「勝ち組」「負け組」

佐藤　非常に下世話な話をさせてもらえば、大学入試センターの実施する「一斉試験」の導入で、明らかにステータスを上げた大学がありますよね。例えば、旧二期校の東京外国語大学。東京外大を受ける受験生というのは、かつては東大とか一橋とかを受けて、駄目だったから来ましたというパターンが、やっぱり多かった。要するにほぼ全員が第二志望にしていたのです。

池上　確かに昔はそうでした。

佐藤　ところが、今や東京外大は第一志望の学生がすごく増えているんですよ。その結果、学生の質がぐっと上がっている。二次試験の英語の入試問題もレベルが上がって、東大をはるかに凌駕するようになりました。それと、西の外国語の研究・教育の拠点である大阪外国語大学もそうです。

池上　大阪大学と一緒になりましたよね。

佐藤　ええ。大阪大学の外国語学部になったけれども、旧来の二期校の大阪外大の水準だったら、阪大があそこを入れたいという気持ちにすらならなかったはずです。それが今や、東京外大よりも難しい学科もあるというぐらいの、超難関になっています。だから、一期、二期の撤廃で、「得」をした大学もあることはあるんですね。ヒエラルキーの頂点の東大は、あまり変わっていないと思うのですが。

池上　東大の場合は、昔は独自の一次試験、二次試験があって、一次試験は記念受験をするような人間がたくさんいたから、そこでだいたい二・五倍ぐらいに絞って、残りを記述式でじっくりと見るというやり方でした。その一次試験の部分を、共通一次やセンター試験に代替させるようになった、という考えができます。

佐藤　ただ、共通一次導入後では、大きな違いも生じました。東大の一次試験はまさに受験者数を絞るためだけのものだったわけですが、共通一次とセンター試験では二次試験に加点されるようになったんですね。例えば先ほども話に出した武蔵などは、東大合格者数だけで言えば、明らかに「損」になりましたよね。教育の方法が変わったわけではないのに、共通一次、センター試験型の試験には弱い。二次試験では点が取れるけれども、トータルで及ばないという結果になるわけです。

池上 そういうことですね。

佐藤 それから、私立に目を向けると、面白いのは慶應義塾大学です。慶應は、逆にセンター試験に乗っからずに独自の試験を貫いたことで、大変な難関大学になることに成功しました。かつての「早慶」は、今「慶早」になって、両方に受かったら慶應に行く、というのがトレンドになっています。西の同志社や、ＭＡＲＣＨ（明治、青山学院、立教、中央、法政）などの大学も、センター試験の「勝ち組」と言えるのではないでしょうか。

ただし、これらはあくまでも「下世話な話」なのです。入試の方法を変えると、それくらい大学や受験生に影響を与えるという事実を申し上げたわけで、その結果が日本の教育にいいことかどうかというのは、また別問題です。

池上 入試制度という点に関して言わせていただくと、大昔の話ですけれど、ちょうど私が都立高校に在学中の一九六七年に、都立高校入試の一大改革があり、学校の「勢力図」がガラリと変わってしまいました。私たちの時には、学区の中で好きな高校を選んで受験するというやり方だったのですが、学校群といって、進学実績の高い高校とそうでないところを二、三校ぐらいずつをグループにした「群」を選んで受験させ、合格者は抽選でその中のどこかの学校に振り分けられる、という方式になったのです。

佐藤　受験生からすれば、A高校に行きたくてそこが入っている群を受験したのだけれど、合格通知が届いたのはB高校からだった、というようなことが起こるわけですね。

池上　そのとおりです。それで都立高校は「壊滅」しました。なぜそんなことをやったのかというと、狙いは学校ごとの生徒の学力平準化です。当時、例えば都立日比谷高校は、毎年東大に一〇〇人以上の合格者を出していました。人気校のある学区に住民票を移して受験させる越境入学なども当たり前になっていて、都民からはおかしいという声も出ていた。そこで、小尾乕雄さんという都の教育長が、都立のエリート校をなくすのだと、制度改革の旗を振ったのです。進学実績、分かりやすく言えば東大合格者数を競う今からは考えられないことですが、当時は「公立校は平等であるべき」という理屈が一定の説得力を持ったわけですね。

佐藤　当時は学生の数も多くて、受験競争が過熱していました。あの時代の中で、競争で煮つまってしまうとまずいという考え自体は、意外と正しかったのかもしれません。

池上　ただ、現実には勉強のできる子どもやその親にとっては、冗談じゃないという話になり、これを機に優秀な受験生の都立高離れが加速して、それと裏腹に急激に私立高校のレベルが上がっていくわけです。今を時めく私立の御三家（開成、麻布、武蔵）だって、あの頃はそんなに目立つ存在ではなかったですからね。この御三家以外にも、当時は都立高校の滑り止めだった私立高校が、今ではれっきとした受験校になっていたりします。都内の私立高校の偏差値の変化にはびっくりします。

佐藤　そういう東京の現状のルーツは、一九六七年にあったということですね。

池上　学校群制度自体は八二年に廃止されましたけれど、「私高公低」の構造が元に戻ることはありませんでした。佐藤さんがおっしゃるように、改革の当事者には、戦争とさえ言われるような高校受験をどうにかしたい、という思いがあったのかもしれません。ところが、結果は御覧のとおりです。事ほど左様に、教育改革は難しい。何かをやると、別の何かが思わぬ形で顔を出したりすることもあるわけです。

なぜ今「教育改革」なのか

佐藤　では、そうしたことも踏まえながら、今の改革に話を進めることにしましょう。この手の議論になると、「どうせ文部科学省がやることだろう」と最初から斜に構えたり、反対に根拠なく警戒心を募らせたりする論調が幅を利かせたりすることが、よくあります。

池上　まあ、局長が自分の息子を入学させる見返りに、文科省支援事業の対象校になるよう便宜を図るような役所ですからね(笑)。真相はまだ闇の中ではありますが……。とはいえ、今回の改革にも多くの教育関係者が関わってもいますし、まずはなんのために何をしようとしているのかを色眼鏡をかけずに見て、考えることが大事です。

今度の改革のベースになっているのが、二〇一三年に教育再生実行会議の出した「高等学校教育と大学教育との接続・大学入学者選抜の在り方について」という、通称「第四次提言」です。そのタイトルにあるとおり、改革のキーワードは「高大接続改革」なんですね。その意味するところを、ちょっと長くなりますが、提言の「はじめに」から抜粋してみることにします。

大学入学者選抜が、（略）知識偏重の1点刻みの大学入試や、本来の趣旨と異なり事実上学力不問の選抜になっている一部の推薦・AO入試により、大学での学びに必要な教養や知識等が身に付いているかどうかを確認する機能が十分発揮されておらず、i)大学入試に合格することが目的化し、高等学校段階で本来養うべき多面的・総合的な力の育成が軽視されている、ii)大学入学者選抜で実際に評価している能力と本来大学が測りたいと考えている能力との間にギャップが生じ、学生にとっても大学入学後の学びにつながっていない、などの課題が指摘されています。

大学入学者選抜は、本来、高等学校教育を基盤として、各大学のアドミッションポリシー（入学者受入方針）の下、能力・意欲・適性を見極め、大学での教育に円滑につなげていくことが求められます。このため、大学入試の仕組みの改善のみを問題にするのではなく、高等学校教育、大学教育、大学入学者選抜の在り方について、一体的な改革を行う必要があります。

素直に読むと、センター試験を新テストに移行させる狙いは、どうやら単に大学の序列化を是正するためとかではないらしい、ということになります。

佐藤　なぜ変える必要があるのかについては、文部科学省のホームページにある文章を、これも素直に読んでみましょう。

グローバル化の進展や人工知能技術をはじめとする技術革新などに伴い、社会構造も急速に、かつ大きく変革しており、予見の困難な時代の中で新たな価値を創造していく力を育てることが必要です。

このためには、「学力の3要素」（1.知識・技能、2.思考力・判断力・表現力、3.主体性を持って多様な人々と協働して学ぶ態度）を育成・評価することが重要（略）

であるとしています。

ちなみに、「学力の3要素」というのは、二〇一四年十二月の中央教育審議会（中教審）の答申で提示されました。

池上　やはり強く意識されているのが、前にも論じたAIですよね。今の小学生たちに「何になりたいかな？」と聞いたところで、その子どもたちが社会に出た時には、もうそんな仕事はAIに取って代わられてなくなっているかもしれないし、反対にまったく新しい職業が生まれているかもしれない。そういう新しい時代の中で生きていくためには、これまでにない力をつける必要がある、というのが今回の改革の大きな流れとして、一つあります。そういう新しい学力をつけるために求められるとしているのが、「自ら学ぶ」こと。

佐藤　「アクティブ・ラーニング」ですね。中教審の「用語集」では、次のように定義されます。

教員による一方向的な講義形式の教育とは異なり、学修者の能動的な学修への参加を取り入れた教授・学習法の総称。学修者が能動的に学修することによって、認知的、倫理的、社会的能力、教養、知識、経験を含めた汎用的能力の育成を図る。発見学習、問題解決学習、体験学習、調査学習等が含まれるが、教室内でのグループ・ディスカッション、ディベート、グループ・ワーク等も有効なアクティブ・ラーニングの方法である。

池上　改革を反映した「新学習指導要領」の柱として、ずっと議論が続けられてきましたよね。最終的には、この用語は意味が広く、誤解を招く可能性もあることなどを理由に「主体的・対話的で深い学び」という表現になったのですが、あくまでも言い換えで、基本的な考え方に変化があったわけではありません。

佐藤　そのアクティブ・ラーニングについては、後でまとめて論じることにしましょう。

道徳も教科になる

池上　高校の授業内容に関して言うと、今度の改革で科目の再編成が行われます。これまでは「地歴」といって、地理、日本史、世界史の三つから二つを選んで学べばよかった。ただし世界史は必修で、日本史か地理かのどちらか選択です。ところが、その結果、日本史を学ばないまま卒業する学生が大勢出たわけですね。日本の歴史は、中学校でしか勉強していないのです。

そもそもどうして世界史だけを必修にしたかというと、これからは国際化の時代で、世界でいろんな人と付き合うためには、世界史を学ばなければいけない、という考えからでした。しかし、いざグローバル化だといって海外の人と実際に多く触れ合うようになると、相手から日本の歴史のことを聞かれても何も答えられず、その結果うまくコミュニケーションできない、ということになってしまったんですね。「お前は本当に日本人か？」と。（笑）

佐藤　外交とか国際ビジネスを円滑に進めるために、現地で人脈を作ろうとする時などは、そういうのは致命傷になるのです。

池上　それで、これはやっぱり日本史はやらなければいけない、と。一方で、世界史の先生たちは「世界史をやめてはいけない」という議論になって、ならば両方を一緒にやろうと、「歴史総合」という科目が作られました。

社会科の必修科目としては、あと「地理総合」と従来の公民科の現代社会、倫理、政治・経済を統合した「公共」という新しい科目に、再編成されることになったんですね。これも先ほどのアクティブ・ラーニングに関連するのですが、従来の現代社会では、社会の仕組みなどを客観的に学習するのだけれど、「では、君たちはどう行動するのか？」と問いかけるような学びになっていない、という問題意識が根底にあります。十八歳から選挙権が与えられたのだから、高校生のうちから現実の社会と向き合い、さまざまな活動に参画していける力を養おう、ということですね。国家に依存して生きるのではなく、自分たちが自立したうえで、主体的に国家というものを創造していってもらいたい、と大きく言えば、そんな理想が込められているのでしょう。

佐藤　かなり大きな変革であることは、間違いありません。ただ、特に今の「公共」については、私はかなり悲観的なんですよ。

池上　結論を言えば、私も現状のまま科目を置き換えても、教える中身はそんなに変わらないということになるのではないかと感じています。

狙いとしては、例えば英国のシチズンシップ教育に倣《なら》って、善き市民として積極的に政治に参加し、自分たちでこの社会を作っていくんだという意識を育むところにありますｂす。そのために、選挙制度の仕組みとか議院内閣制とは何かとかを暗記するだけではなくて、実際に模擬選挙、模擬投票をやってみよう、ということになっているんですね。ところが、現実の各政党の主張を比較するとか、ましてや候補者を呼んで主張を聞いてみるとかいうことは、基本的に許されません。それでは、生きた教育にはならないわけです。

佐藤　現状に関して言えば、日本に公共の概念は限りなく希薄です。私は、かつて半ば実験的に「フォーラム神保町」という、メディア勉強会のための場を設けたことがあるんですよ。

池上　ああ、ありましたね。

佐藤　新聞記者や編集者、市民運動家などがメディアに関連する発表を行ったり研究をしたりというのが目的で、事務所の維持費などを含めて、参加する個人の出費で賄うことを決めました。

ところが、最初のうちはみんな情熱があったのだけれど、一年も経つとお金を払うのが、私一人になった。そこで気付いたのです。この国の編集者とか作家とか市民派を名乗ったりする人たちというのは、基本的にフリーライダー（ただ乗り）が多いのだと。結局、三年ほどやって、東京都心に２ＬＤＫのマンションが買えるくらいの自己負担の後、閉じることにしました。個人的な狭い経験ではありますが、「口でいろいろ言ってはいても、この国の有識者たちに金銭的な負担を伴う公共の精神はあまりない」という皮膚感覚は、間違っていないと思うのです。付け焼き刃の「改革」で変えられるほど、単純な問題ではないというのが、私の感想です。

池上　国民性や文化も絡んでくる問題ですからね。形だけ教え方を変えても、それでいきなり日本人の公共の意識が高まるとは、私にも思えません。

今回の教育改革のもう一つの流れが、道徳を教科にするということです。教科書を作らず評価もしない、という従来の方針を転換させたことは、やはり「大改革」だと思います。道徳については、実は私が小学生の時に、そもそもそれを学校で教えるのかというのが大騒ぎになって、特別活動でやる、すなわち教科にはしないという条件で入れられたという歴史があります。今回も賛否がありますが、今の安倍政権の「国民に愛国心を備えてもらいたい」という意向を反映したものであることは、間違いないとみています。

佐藤　ただし、五段階評価をしろというのではないんですね。

池上　そう、そういう評価にしてはいけない。あくまで文章で、ポジティブな評価をしなさい、ということになっています。

佐藤　余談ながら、今回あらためて道徳を教えなくてもいい学校があるのです。宗教科を設置していれば、それをもって道徳科に代えることができるので、同志社とか明治学院とかは、必要ありません。でも、創価学園は道徳科を新設しないといけない。あそこは、宗教を教えないということになっていますから。

池上　宗教科はないのですか。

佐藤　はい、ありません。

池上　そうなんですね。佐藤さんならではのディープな話です。（笑）

ともあれ、大きな流れとしては、お話ししてきた方向で、すでに二〇二〇年度改革がスタートしているわけです。今後のスケジュールとしては、実際に新学習指導要領が導入されるのは、小学校が二〇年度から、中学校が二一年度、高校は二二年度からということになります。

佐藤　小学生は、これから新指導要領に基づいた教科書で授業を受けるのですね。

池上　そして、二一年の大学入試から、いよいよ「新テスト」が始まります。

二人で「新しいテスト」を解いてみた

佐藤　新テストと現行のセンター試験との大きな違いは、国語と数学に記述式の問題を取り入れることと、英語で今の「聞く、読む」に加えて「話す、書く」力も試す、いわゆる四技能を評価することになる——の二点です。すでに述べたように、大学入試センターは、その改変を反映した新テストの「プレテスト」を、全国の高校二年生を対象に、二回行いました。結論を言えば、全体としてはいい問題だというのが、私の評価です。

池上 私も非常によくできていると感じました。少なくとも国語に関しては、画期的と評してもいいくらい。

佐藤 新テストをそんなふうに評価する人間は、ほとんどいませんでしたよね。だから我々は「異端」。（笑）

池上 最初に私が注目したのは、プレテストに先立って一七年五月に大学入試センターが公表した、国語の記述式のモデル問題です。出題されたのは、ある架空の城下町の「街並み保存地区」に指定されている地域に住むお父さんが、景観保護ガイドラインの住民説明会に出かけた。そこから帰って来たお父さんとお姉さんの会話を聞きながら、妹である「かおるさん」が、ガイドラインの導入について考える——というものです。町が作成したパンフレットも資料として添付されていたりして、従来の試験に比べ、深い読解力、表現力が試される問題になっていました。

Ⅱ　記述式問題のモデル問題例と評価することをねらいとする能力について（国語）

大問全体の出題のねらい

　架空の行政機関が広報を目的として作成した資料等を題材として用い，題材について話し合う場面や異なる立場からの提案書などを検討する言語活動の場を設定することにより，テクストを場面の中で的確に読み取る力，及び設問中の条件として示された目的等に応じて表現する力を問うた。

モデル問題例１

かおるさんの家は、**【資料A】**の「城見市街並み保存地区」に面している、伝統的な外観を保った建物である。城見市が作成した景観保護に関する**【資料B】**「城見市『街並み保存地区』景観保護ガイドラインのあらまし」と、かおるさんの父と姉の会話を読み、後の問い（**問１～４**）に答えよ。

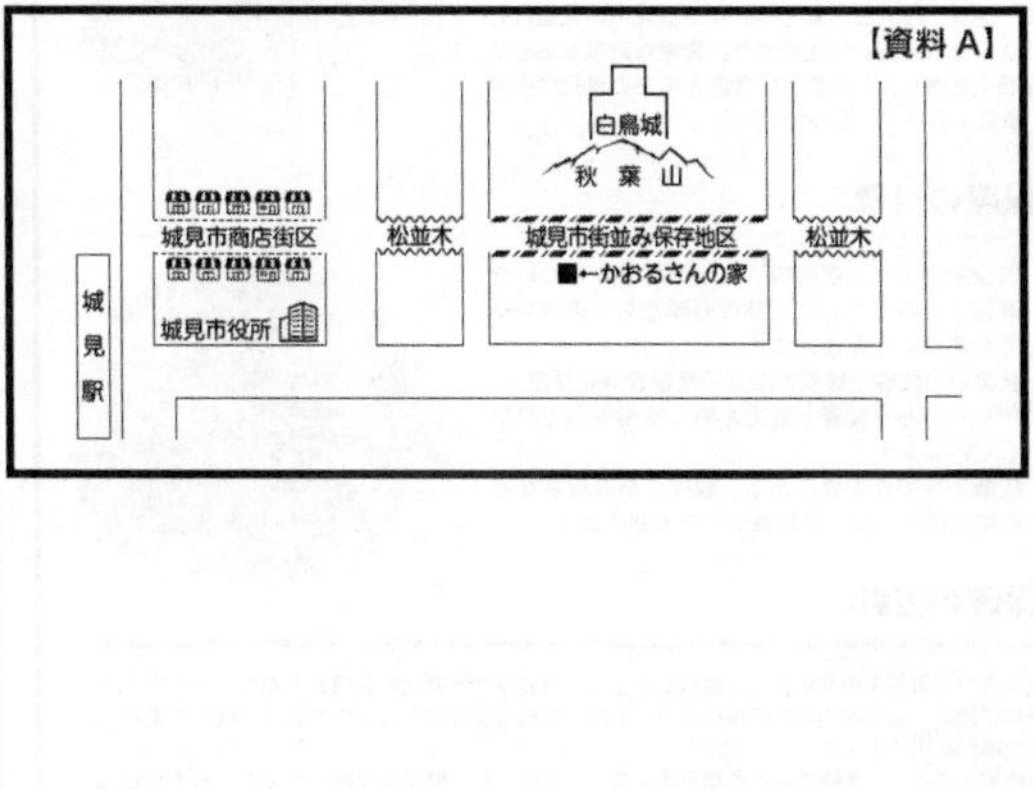

4

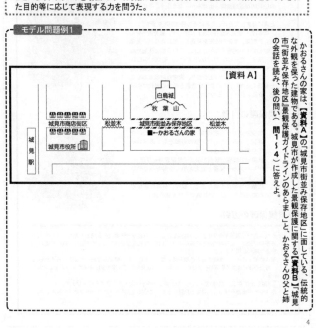

モデル問題例1

【資料B】

城見市「街並み保存地区」景観保護ガイドラインのあらまし

ガイドラインの基本的な考え方

城見市「街並み保存地区」一帯は、市名の由来にもなっている秋葉山山頂に築かれた白鳥城下を通る、旧街道の伝統的な道路遺構と街並みからなります。その街並みと自然とが呼応し、そこに集まる人々によって文化と共に育まれてきたところにその特徴があります。

私達は、「街並み保存地区」に限らず、城見市が育んできた歴史、文化の特質を尊重し、優れた自然と景観に対して十分配慮するとともに、この自然と景観を維持、保全、育成しなければなりません。そのためには、住民、企業、行政など全ての人々が城見市の景観に対するさらなる意識の向上を図り、貴重な財産であることを深く認識し、この美しい景観を将来の世代に引き継ぐ責務を負っているのです。

景観保護の目標

ア　市役所周辺から商店街区にかけてのにぎわいを連続させるとともに、都市の顔として風格のある空間づくりを進めます。

イ　秋葉山の眺望や松並木などの景観資源を活用し、親しみがあり愛着と魅力を感じる街並みを形成していきます。

ウ　広域からの外来者のある、観光や伝統行事などの拠点にふさわしい景観づくりを進めます。

景観保護の方針

- 松並木及び「街並み保存地区」の植栽を保全し、街並みや秋葉山の景観との調和を図ります。
- 建築物の壁面、広告物や看板の色彩については、原色などの目立つものを避け、伝統的建築物との調和を図ります。
- 個人住宅を含めて、建物外面の色調を落ち着いたものとし、壁面の位置や軒高をそろえます。
- 一般及び観光客用の駐車場や街路のごみ箱、ごみ収集時のごみ置き場は目立たないように工夫します。
- 「街並み保存地区」は自動車の出入りを制限し、ゆとりある歩行空間を確保します。
- 議会等との協議を通して、景観を保護するために必要な予算があれば、その計上を検討していきます。

5

モデル問題例1

問1　会話文中の傍線部「一石二鳥」とは、この場合街並み保存地区が何によってどうなることを指すか、「一石」と「二鳥」の内容がわかるように四〇字以内で答えよ（ただし、句読点を含む）。

問2　ある会社が、「街並み保存地区」の活性化に向けた提案書を城見市に提出した。次の文章はその【提案書の要旨】である。これに対して、城見市は、ガイドラインに従って計画の一部を修正するよう、その会社に求めた。どの部分をどのように修正することを求めたと考えられるか、三十五字以内で述べよ（ただし、句読点を含む）。

【提案書の要旨】
複数の空き家が連続して並んでいる場所を再利用した商業施設を作りたい。古くて味わいのある民家を最大限活用したカフェ、洋服屋、本屋、雑貨屋、美容院などを総合的にプロデュースすることで、「一度は行ってみたい」まちづくりに貢献したい。初めて訪れる観光客にも親切なように、目につきやすい色の看板を数多く配置し、行きたい店をすぐに探せる配慮をする。また、住民にも利便性の高い店の誘致を進める。

問3　会話文から読み取ることができる、父と姉の「景観保護ガイドライン」の導入についての議論の対立点を、「〜の是非。」という文末で終わるように二〇字以内で述べよ（ただし、読点を含む）。

問4　父と姉の会話を聞いて、改めてガイドラインを読んだかおるさんは、姉に賛成する立場で姉の意見を補うことにした。かおるさんはどのような意見を述べたと考えられるか、次の条件に従って述べよ（ただし、句読点を含む）。
条件1　全体を二文でまとめ、合計八〇字以上、一二〇字以内で述べること。なお、会話体にしなくてよい。
条件2　一文目に、「ガイドラインの基本的な考え方」と、姉の意見が一致している点を簡潔に示すこと。
条件3　二文目に、「経済的負担」を軽減する方法について述べること。
条件4　条件2・条件3について、それぞれの根拠となる記述を【資料B】「城見市『街並み保存地区』景観保護ガイドラインのあらまし」から引用し、その部分を「　」で示すこと。なお、文中では「ガイドライン」と省略してよい。

<正答例>
問1 景観を守るガイドラインによって，治安が維持され観光資源として活用されること。(38字)

問2 看板は目につきやすい色ではなく，伝統的建築物と調和した色彩にすること。(35字)

問3　例①　個人の自由を制限し，自己負担を求めること（の是非。）(20字)
例②　自己負担や制限を受け入れて進めること（の是非。）(18字)

問4 姉の意見は，「全ての人々」が「意識の向上」を図り，「景観を将来の世代に引き継ぐ」というガイドラインの考え方と一致している。また，方針に「景観を保護するために必要な予算があれば，その計上を検討」するとあるので，補助が受けられる可能性がある。(119字)

7

佐藤　マークシートの一部を記述に変えたというだけではなくて、問題の設定自体が従来の国語のイメージではないですね。池上さんが「画期的」とおっしゃる意味が分かります。

池上　父と姉のやり取りが面白いので、一部を抜粋してみましょうか。

＊

姉「ところでお父さんは、このガイドラインの導入について、どう思ってるの？」

父「私は反対だよ。住民の負担が大きすぎるね。外壁の塗装も建物の改築も、すべて周辺の景観に配慮した上で、適切な対応を自己負担で考えなければいけない。これじゃあ、引っ越した方が気が楽だ。かえって空き家を増やすだけだと思うよ。」

姉「でも、今のままだと、ここはどんどん衰退していくだけだよね？　住民がいなくなると、この街の文化や歴史の一部が途絶えてしまうよね。この辺って、道路も狭いし、家も古いけど、この街並み、私は結構好きだな。だから、マイナスだと思っていることでも、逆にこの街の魅力にしたら、観光客にPRすることもできるんじゃないかな。街並みを整備して、地域の魅力づくりに成功したら、ここから出て行く人が少なくなって、空き家も減るよ。そうしたら、この街は守られるよね。」

父「それは希望的な推測だし、感情論に過ぎないね。実際問題として、ガイドラインの通り、古い街並みを残すとしたら、家を改築する時に、デザイン料にせよ材料費にせよ、通常以上の自己負担が必要になる。これじゃ、地域住民の同意は得られないよ。」

姉「私は、ある程度の住民の自己負担は必要だと思う。こういう地域づくりって、それ行政に任せっぱなしにしたままで、私たち地域住民は受け身でいていいのかな。それに、ガイドラインには広告や看板の色彩のことも書いてあるけど、これからは、自然環境も含めて、そうした住環境も大事にしないといけないと思うの。確かに色々と制約があるし、お金もかかるけど、『地域を守り、地域の魅力を作っていくのは、他でもない私たち自身なんだ』っていう意識を持って、私たちの生まれ育ったこの街を守っていくためには、ある程度の自己負担も必要だよ。」

父「私も、すべて行政に任せちゃえばいいとは思ってないよ。だけど、個人の家や庭に手を入れることは、本質的にその人の自由意志だし、住民の利便性を考えた道路整備は間違いなく行政の仕事だ。ところがガイドラインに従うと、古い家を思うように直すこともできないし、狭い道もそのまま使うっていう不自由を、住民に強いることになる。現実的に発生する問題から目をそらして、感情論で地域づくりを語っても、そんなものは絵に描いた餅に過ぎないよ。」

姉「じゃあ、このまま何もしなくていいの？　街がさびれていく様子を、ただ黙って見てろってこと？」

＊

池上　ざっと、こんなトーンです。示した発言中にも略した部分があるので、実際の文章はこの一・五倍くらいのボリュームになります。

佐藤　親子喧嘩が始まりそうな、迫真のやり取りですね。（笑）

池上　でしょう？　文字どおり生きた教材ですよ。これを読んでから、例えば父姉の対立点を二〇〇字以内でまとめさせたり、あるいはかおるさんに、姉に賛成の立場から、町のパンフレットを参考にしつつ議論を補強する意見を述べさせたりするわけです。

佐藤　なるほど。「受験刑務所」にいると、対応は難しいかもしれません。逆に武蔵の生徒なんかは、面白がって問題に臨むのではないでしょうか。

私も、一回目のプレテストの数学と現代社会を解いてみた結果、やはり非常にいいと感じたんですよ。現代社会はマークシートですけれど、例えば成人年齢を十八歳に引き下げることの賛否の議論を踏まえて、その根拠となっているであろう資料を六つの中から選択させるという問題など、その場でかなり考えないと選べない。

池上　生半可の知識を覚えこんでいても、対応不能ということですね。

佐藤　初のプレテストには、そういう良問が多かった。ところが、それ故にと言うべきか、正答率がかなり低かったんですね。

池上　国語も、やっぱり悲惨な結果でした。実はそこが問題視されたのです。みんなできないから、差がつかない。選抜試験としてはいかがなものか、という話に現場ではなったわけですね。でも、それこそせっかく出てきた芽を潰すようなことをすべきではないというのが、私の考えなんですよ。

佐藤　「良問」が解けないのは、それに対応する学力が中学・高校で育まれていないということですからね。そちらをどうするのか考えるのが本筋であって、偏差値至上主義的な教育に合わせて大学の選抜試験をどうこうしようというのは、本末転倒でしょう。

池上　そのとおりです。国語の記述式が難問だったと言うけれど、日ごろから新聞を読んでいるような小学六年生ならば、丁寧に考えていけば解ける問題なんですよ。

佐藤　そういうのが、いい問題です。

池上　改革をやろうという側がいろんな声に押されて、おかしな揺り戻しが起きなければいいのだけれど、というのが少し心配ではあります。

英語の試験に「話す」能力を測る必要があるか

佐藤　一方、あえて言っておくと、英語の試験に「話す、書く」を加えた点については、私は疑問を感じているのです。少なくとも「話す」は必要なかったのではないでしょうか。

大きく言って理由は二つあって、一つは英語の能力は英文和訳と和文英訳だけで完璧に測ることができるということ。もう一つは、これによってバイリンガルな環境にいた帰国子女など、一部の受験生が極めて有利になったことです。

池上　試験のやり方を変えたことで、受験生の間に新たな不平等が生じた、と。確かに、帰国子女ならば何をしなくても英語が話せるでしょうね。

佐藤　入学試験というものは、問題の良し悪しと同時に、フェアに力が試されるものでなくてはなりません。「日本人は英語を話せない」「多様な能力をみるのだ」という声に押されるあまり、その根本を見失ってしまった感じが、私にはするんですよ。

池上　あげく、自分たちで四技能を測るのは難しいので、民間の力を借りようということになりました。そのへんは、ちょっと受験産業の影が見えなくもない。

試験問題の中身を見る限り、改革の方向性は大きく間違ってはいないと思うのだけれど、これからそこに受験産業がどのように関わってくるのかというのも、注目すべきところですよね。新テストを突破できる力をどのように考え、提供していくのか。

佐藤　これもあえてなのですが、仮に受験産業が記述式問題に対応するような技法を開発すると、やはり親の資力とか、都市部に住んでいるかいないかとかで、差が出てくる可能性はありますね。英語の四技能に関しても、読むことと聞くことは、自分で教材を買ってきてできるけれど、話すことと書くことは、ネイティブチェックを受けないと絶対にできません。

池上 話すことについては、英会話学校に通った子が有利になる。

佐藤 そう思います。高校の先生が、どこまで対応できるのかという問題もあります。そんなこんなで、もしかすると、できる子・できない子の差は今以上に広がるかもしれない。そういう可能性も、冷静に見ておく必要はあるように感じます。

池上 まあ、走り出してみないと分からない問題もあるし、走りながらそうした課題を解決していくことになると思うのですが。

佐藤 そういうことだと思います。

試験問題は、教育現場へのメッセージである

佐藤 繰り返しになりますが、プレテストの問題は学習指導要領から逸脱していないし、すごくいいアプローチだと思います。にもかかわらず、「文科省や国立の研究所のやる

ことだから、間違っている」と難癖をつけるような風潮が、今回もみられました。

池上　今度の大学入試改革には、特に高校や中学の教育の現場に対するメッセージが込められていることを、しっかり認識すべきだと思うのです。

戦後日本は、なんとか先進国に追い付こうという国家戦略の下に教育制度も整備して、見事な成果を上げました。しかし、ポストモダンの世の中になり、それを生き抜くために求められる能力は、以前とは違うのだということに、高等教育の関係者もようやく気がついたわけです。それを現場の先生たちに伝えて、教育の中身を変えていきたいのだけれど、なかなかうまく伝わらない。そこで実行したのが、入試問題自体を変えることでした。それを通じて、現場に「今必要な学力、教育とはなんなのか」を、あらためて考えてもらおうとしている。

佐藤　非常に重要な指摘です。

池上　二〇〇七年から、毎年小中学校の最高学年を対象に、「全国学力テスト」（「全国学力・学習状況調査」）が行われていますよね。あの問題は、国立教育政策研究所が作っているのだけれど、あれも実は全国の小学校、中学校の先生たちへの、「これからの学力はこういうものですよ」というメッセージなんですね。

佐藤　学校間の競争激化で取りやめになった、一九六〇年代の「学テ」(「全国中学校一斉学力調査」)の再来だという反発もありました。

池上　単なる「学習状況調査」だと理解している人も多い。でも、現場の先生たちは、その内容に結構衝撃を受けたのです。

私は、この試験問題も毎年見ているのだけれど、よく考えられています。OECD(経済協力開発機構)がPISA(国際学習到達度調査)という生徒評価のためのプログラムをやっています。義務教育修了時点の十五歳の段階で、これまでに身につけてきた知識や技能を、実生活のさまざまな場面で直面する課題にどの程度活用できるかを測るというもので、三年ごとに「読解力」「数学的リテラシー」「科学的リテラシー」のどれか一分野をメインに、調査が行われるんですね。

ところが、ずっと上位にいた日本の順位が、徐々に落ちてきた。そこから「PISA的学力は何か」という研究が始まって、その成果に基づく問題が、今は全国学力テストで出題されているのです。

佐藤　変な通達を出したりするよりも、現場にはよほど効くでしょう。

池上　メッセージを出す側は、怯《ひる》まずその姿勢を貫徹してほしい。受ける側も、それを真摯に受け止め、やるべきことを考えてもらいたい。私はそう思います。

第3章
アクティブ・ラーニングと「エリート」教育

アクティブ・ラーニングとは何か

池上　先ほども説明したように、新たな学習指導要領が、二〇二〇年度からの小学校に続き、中学、高校と順次適用されていきます。そこには、「何を学ぶか」「何ができるようになるか」とともに、「どのように学ぶか」という指針が明示されています。それが「アクティブ・ラーニング」なんですね。

佐藤　「学び方」そのものに着目したところが、大きなポイントです。

池上　文科省がアクティブ・ラーニングを「主体的・対話的で深い学び」というふうに「改題」したこともすでに述べましたが、そこに今回の改革が想定する三つの視点が集約されています。

「主体的な学び」とは、学ぶことに興味、関心を持ち、見通しを持って粘り強く取り組み、学習活動を振り返りつつ次につなげていくこと。「対話的な学び」は、教師が一方的に教えるだけではなく、生徒が先生や他の生徒、あるいは地域の人たちなどとの対話や協働などを通じて理解を深め、思考力を高めていくこと。そして「深い学び」は、習得・活用・発見という学びの過程の中で、問題を見出して解決策を考えたり、思いや考えを基に創造したりする力を養うこと――。大まかに言うと、そのように説明されています。

佐藤　そうした新しい学び方を本格的に採用しようという考えの根底にあるのは、特に高校の授業が知識伝達型にとどまっていることに対する危機感です。卒業後の大学での勉強や社会に出てからの生活に役立つものになっていないではないか、と。

池上　そうです。学び方についてもう少し嚙《か》み砕いて説明すると、本家のアメリカで行われているのは「反転授業」といって、最初に先生が授業のＶＴＲを作り、学生たちはあらかじめ家でそれを見てから学校の授業に臨むのです。従来の、授業を受けてから復習をみっちりやるという勉強方法を、文字どおり「反転」させているわけですね。ベースになる知識は予習で頭に入っているから、本番の授業ではそれを踏まえて議論をすることで、さらに理解が深まるし、自発的にその先の学びを追求することもできるメリットがある、とされます。

　まあ、日本ですぐにそれを実行するのは難しいでしょうけれど、あらかじめ課題図書を読ませるなどして、授業では予習してどう思ったかといったことを議論させたうえで、先生がアドバイスするなり、最後にまとめる。想定されているのは、例えばそんなイメージではないでしょうか。

佐藤　いずれにせよ、アクティブ・ラーニングは絶対に必要だというのが、私の考えです。従来型の「受ける授業」では、これからの時代に必要な運用能力が身につかないと思うからにほかなりません。

池上　私も、アクティブ・ラーニング導入の背景にある問題意識は間違っていないと思います。先生の話を受け身で聞くだけではなかなか自分の身につきません。自ら発言することで自分の中に定着するのです。これからは、授業にそういう要素を取り入れていかないと、新しい時代に対応する能力を育むことは難しいでしょう。ただし問題は、教える側がそういう授業を受けてきたわけではない、という現実があることなのです。

佐藤　先生がアクティブでなかったら、「対話的な学び」になりませんからね。確かにそこは大きな課題です。

池上　以前、政治を学ばせるのにディベートを取り入れています、という学校があったので、話を聞いてみたら織田信長対豊臣秀吉でやるのだと（笑）。ディベートというのは、例えば憲法改正といった特定のテーマについて、賛成・反対のグループに分かれて、論拠を示しながら議論を戦わせることであって、「戦国ゲーム」ではないのです。

佐藤　なんの説得力も持たないことを、堂々と言ったり書いたりして「これが自分の考えです」というタイプの学生も、少なくないですね。対話はいいけれど、他人の意見にしっかり耳を傾け、それも踏まえて考えをまとめるというまさに学ぶ姿勢がなかったら、形のうえで対話的な授業をやったとしても、得られるものは何もありません。そこをはっきり分からせるのも、教師の役目です。

池上　基礎的なところが分かっていないのに、「さあ、討論しましょう」と言ったところで、噛み合った話になるはずがありません。一定の知識があってこそ有意義な議論になるわけですけれど、そこのところを正確に理解していないと、仕組みが空回りする危険性もあるでしょう。

　明治大学教授の齋藤孝さんも、アクティブ・ラーニングの必要性を認めながらも、その点を懸念していますよね。そこばかりに目が行って、伝統的な座学で学ばれていたものが欠落するとしたら問題だ、と。

佐藤　もちろん、座学は大事です。しかし、伝統的な座学に限界が見えていることも明らかですよね。

池上　座学を全部なくしてしまえではなく、必要なところにどうやってアクティブ・ラーニングを取り入れていくのか、ということでしょう。

ただ、従来のような教科書を読み板書して質問を受け付けて、というスタイルを変えるのには、教える側にも相当高い適応能力が求められるのは確か。制度改革はスタートしていますけれど、そのへんの現場の対応は、正直、緒に就いたばかりという感じがします。明日からすべての先生が実践できるほど簡単なものではない、という現実はみておく必要があるでしょう。

佐藤　そこは、前に話した新テスト同様、まず走り出してみるということではないでしょうか。現場の先生や生徒たちには酷な言い方に聞こえるかもしれないけれど、ある程度の期間、試行錯誤は避けられないと思うのですよ。これだけ大きく、いろいろなことを変えようとしているのですから。

池上　変革は必要です。自分の頭で考えて自分の意見を述べる。少なくともそういうプレゼンテーション能力、ディベート能力がないと、これからの国際社会ではやっていけません。そういう力が、今までの学校教育ではなかなか身につけられないのは、明白な事実ですから。

佐藤　そのとおりです。何も世界に出ていかずとも、会社の中だって、例えば自分の企画についてきちんと説明できないと、それを通すことができません。やりがいのある仕事はできないし、給料も上がらないということなのです。

「ハーバード白熱教室」を真似できるか

池上　高校レベルの話ではありませんが、究極のアクティブ・ラーニングに、一〇年前大ブームになった、マイケル・サンデルの「ハーバード白熱教室」があります。私は『週刊文春』の取材で、サンデル教授に自宅まで会いに行ったんですよ。

NHKで放映された「白熱教室」では、学生たちが次々に手を挙げていろいろ発言しますよね。さすがハーバードの学生は優秀だとみんな感じたのだけれど、実はあれも十分な下準備あればこそなんですね。準備の手伝いをするのが、サンデル教授の下にいる大学院生などの十数人のスタッフです。彼らが手分けして、講義に参加する学生たちにあらかじめ課題図書を与え、アリストテレスなり、ソクラテスなりを徹底的に読みこませてから、あそこに集めるわけです。

佐藤　特別に選ばれた学生による反転授業ですね。

池上　そう。もう十分な準備ができているから、みんな質問に対して手を挙げることができる。あれを日本の大学でそのままやろうと思っても、とてもできません。

佐藤　そんな〝インフラ〟はありませんよね。

池上　アメリカの大学には、ハーバード以外にもアクティブ・ラーニング専用の教室を作っているようなところがあります。いわゆるエリートのビジネススクールくらいになると、多くても三〇～四〇人という環境で、みんなで討論・議論をさせている。

佐藤　大学の話をすれば、アメリカには教育要員の数が多いという、アクティブ・ラーニングを実施するうえでの大きなアドバンテージがあるんですね。日本の大学の先生みたいに研究の傍ら教えるのではなく、教育に特化している先生たちがたくさんいるのです。加えて任期制で、学生の側の評価もあるから、教え方が下手だとすぐクビになってしまう。学生は学生で、授業料を年間何百万円も払っているから、必死なのです。そのへんの緊張感は、日本の大学の比ではないですね。

池上　でも、佐藤さんの同志社大学での授業は、かなりアクティブ・ラーニングになっているのではないのですか？

佐藤　そうしています。例えば、聖書の基本的な文章を覚えさせる。その後、質疑応答で模範解答ができるようにトレーニングして、記憶に定着させた後、討論をしたりします。その討論の部分は、アクティブ・ラーニングだと思います。

ただ、私の場合は、絶対にスライドを使わない。それを課して、それから後、学生たちには質疑応答式で、練習問題を配っている。ヒントまでは書いてあります。それを全部まとめてきて、端から答えさせるようにしています。だいたい一回で六〇問から七〇問。それをウォーミングアップでやります。

その後、それと別に、テーマを与えて考えさせて、二四〇〇字にまとめさせる。プレゼンもその原稿をもとに行わせています。二四〇〇字にしたのは、口頭発表ですとだいたい三〇〇字が一分だから、八分くらいでやらせて。それと別にブックレビュー（書評）をさせています。各人に神学書、哲学書、文学書などを指定して。それは一五〇〇字で書かせています。そういう形で発表させて、それをベースにして議論をするわけです。

池上さんが予習のビデオの話をされましたが、私はそれの代わりに、テーマに関連する映画を見せています。例えばキリスト教の土着化を取り上げようと思ったら、マーティン・スコセッシ監督の『沈黙（サイレンス）』とか。

池上　面白いですね、それは。

佐藤　映画だったら、一応みんなその場で理解できますからね。まあ、私もいろいろと試行錯誤を重ねたのですが、学ばせ方としてようやく一つの形ができたかなと感じているんですよ。ちなみに、講義の後のやり取りも含めて私の五時間の授業を受けるためには、たぶん三〇時間から三五時間の準備時間がないとついてこられないくらいのレベルになっていると思います。

池上　それにみんなついてくるのですか?

佐藤　ついてきます。これは、希望者の中で、残った学生たち相手の特別授業なのです。現在は六人の学生を相手に教えています。単位は出しません。授業も神学部の演習室を借りてはいるけれど、土曜日の他の学生のいない時に、目立たないように開講しています。こういうことをやろうとすると、いろいろ批判も出てくるわけです。「なぜ特定の学生を優遇するのだ」とか、「佐藤はエリート教育をやっているんじゃないか」とか。

池上　なるほど。（笑）

佐藤　でも、「それで悪いか」と開き直るしかない、というのが私の本音です。とにかく魚は頭から腐っていくから、しっかりとした頭をつくらないと駄目だと思うのですよ。学びの機会の平等は保証するけれども、その先に関しては本人次第。自ら手を挙げ、あえて言えば能力があってついてこられた人間を、心血を注いで育てたいのです。あくまでも、大学レベルでの話なのですが。

池上　一度佐藤先生の白熱授業を覗《のぞ》いてみたい。

「エリート」養成は悪なのか

佐藤　誤解を恐れずに言えば、アクティブ・ラーニングは、基本的にエリート教育だと思うのです。自ら考えをまとめて説得力のある話をするというのは、指導的な立場になる人たちにとって必要なスキルでしょう。

話に出たアメリカのハイレベルの大学がそうですよね。水準の高い授業で学生をふるいにかけ、残った人間たちをエリートに養成するという方針が明確です。

池上　出来が悪ければ、どんどん落第させますからね。

佐藤　アメリカでは、それで文句が出ることはありません。競争社会で強い者が勝ち残っていくのは当然だ、という社会の合意がありますから。

ただ、自分で「エリート教育」をやっていながら思うのだけれど、このアクティブ・ラーニングについていけない人たちがどうなっていくのかというのは、深刻な話だという気もするのです。詰めこみ教育同様、新しい学び方の現場でも「落ちこぼれ」は生まれるはず。面倒なことに、今度はそこにＡＩが絡んでくるわけです。

池上　前におっしゃった、ＡＩリテラシーを備えた人間のところに情報やお金が集まっていく、という問題ですね。選ばれた人たちは、アクティブ・ラーニングによってそういう能力を獲得していけるけれども、そこからこぼれ落ちると、以前にも増して悲惨なことになりかねない。

佐藤　仮に、一部の人間が世の中の大半の価値を生み出すような社会になったらどうなるのか？　例えば、追いついていけない人たちに富を再配分するような仕組みができるのかどうか、そのあたりが現状ではまったく見えません。

今言えるとしたら、養成すべきは「真のエリート」であって、単に「エリート意識」に凝り固まったような人間ではない、ということですね。セクハラや買春を繰り返して恥じない「指導者」は、エリートと呼んではいけないのです。聖書の『使徒言行録』には、「受けるよりは与えるほうが幸せである」という一節があるのだけれど、彼らはそんな境地にはほど遠い。ＡＩ時代の強者がそんな人間ばかりだったなら、それはもう地獄というしかない状況になるでしょう。

池上　欧米社会のベースには〝ノブレス・オブリージュ〟、要するに「身分の高い人たちは、それに応じた社会的責任や義務を果たさなくてはいけない」という道徳観、倫理観があるんですね。エリートたるもの、能力が高いだけではなく、そういうある種の自己犠牲の精神を併せ持つ必要がある。例えば、イギリスのパブリックスクールの出身者は、第二次世界大戦中の戦死者率が異常に高かったりするのです。

佐藤　率先して危険な戦地に赴くから。

池上　そのくらい徹底して、真のエリート意識を涵養するための教育を行うんですね。AI社会の到来で、もしかしたら今以上に格差の広がる可能性があると言われる時だからこそ、そうした教育には一層大きな意味があると感じます。決して戦死者を増やす必要はないけれども。

佐藤　あなたの持っている能力は社会からいただいたものだから、社会に出たら還元しましょう、と。そういう精神は、しっかり育てないといけないですよね。ゆめゆめ、東大に入って、卒業後はベンチャーか何かをつくり、早いところ一〇億円くらい荒稼ぎして後は悠々自適の人生を送ろうというような、下品なビジョンを思い描く若者を多く生むような社会では、いけないわけです（笑）。念のため付け加えておきますが、ベンチャーだから悪いというのではないですよ。金儲《もう》けが最優先事項であるようなビジョンという意味です。

池上　そんな話が冗談に聞こえない世の中になった一因は、戦後、建前上「エリート教育はしない」ということになってしまったところにもあります。だから、真のエリートがなんたるかが分からなくなり、実際には一部の中高一貫校などで、「お前たちは選ばれたエリートなのだから」といって、他校の生徒をさげすんでも構わないような教育をする。その結果、思い違いを起こした秀才たちを量産するという、まことにもっておかしな状況になっているのです。

佐藤　日本でエリートという言葉の響きがよくないのは、結果的に戦争に突き進んでいった戦前の日本がある種エリート教育の国だったのと、そういうふうに思い違いをして偉そうに振る舞う人間があまりに多いので、そのイメージが定着してしまった、という二つの理由からでしょう。でも、やっぱり本当の意味でのエリート教育は必要だと思うんですよ。

池上　何度も言いますが、私は「自ら考え、プレゼンする」といった力が、これからの世の中には必要で、それは必ずしも指導的な立場に就く場合ではなくても、同じだと思うんですね。ただ、自分が教えている大学をみても、すぐにアクティブ・ラーニングが可能な現場もあれば、かなり準備が必要なケースもあります。

佐藤　教師の側の問題以外に、学生の到達点の違いにも課題があるということですね。

池上　そうです。そういう難しさはあるのだけれど、それぞれのレベルでどのように新しい時代を生き抜ける人を育てていくのか、アクティブ・ラーニングのやり方も含めて、模索していかなくてはならないですよね。

佐藤　またエリートといっても、政治家や国家官僚もいれば、会社のプロジェクトのリーダーや、商店街をまとめていくエリートとかもいるわけです。

池上　いろんな現場で、リーダーシップを持って事を進めていける人たちですね。どんなに偏差値が高くても、それだけではできない仕事です。

第4章

テロも教育が生んだ?

高学歴揃いだったオウム真理教幹部

佐藤　私は同志社大学の神学部を出て、今はそこで客員教授として授業を行っています。宗教を専門とする私にとって看過できない「事件」が、二〇一八年にありました。地下鉄サリン事件をはじめとするオウム真理教が起こした一連の事件で死刑が確定していた、麻原彰晃をはじめとする一三人の元幹部の刑が、七月に二回に分けて執行されたのです。

池上　あれには、かなり唐突な印象を受けました。

佐藤　なぜ彼らの死刑執行が看過できなかったかについては後ほど述べたいと思いますが、この章の対談のテーマに即して言えば、残虐なテロ集団の誕生と、メンバーが受けてきた教育とは、切っても切れない関係にあります。

池上　サリン事件がオウムの仕業だと判明した時、いろんな人がそういう指摘をしていたと記憶します。教団幹部には、有名大学を出たそれこそエリートたちがずらりと並んでいましたから、どうして彼らがそんな犯罪に手を染めたのか、話題になりましたよね。

幹部には、東大も京大も早稲田も慶應の出身者もいました。

佐藤 大学在学中に司法試験に合格した人間や、医学部の卒業生もいた。でも、例えば山梨県の旧・上九一色村にあった建物は、どうみても宗教施設ではなく工場でしょう。頭脳明晰であるはずの人間たちが、揃いも揃ってそういう現実に疑問さえ抱かなかったのは、どうしてなのか。

池上 しかも毒ガスの製造工場です。

佐藤 少なくとも、教育を通じて、後にそんな暴走をさせないような知識や倫理観、人間性を身につけさせることはできなかったことになります。

池上 歪んだ正義感を醸成する素地は、あったのかもしれませんが。

佐藤 それで、足元の教育改革からはいったん離れて、ここで「オウムと教育」という観点から論じておきたいと思うのですよ。「歪んだ正義感」が、彼らが身を置いた偏差値至上主義の教育環境にあったことは、間違いありません。

池上 真実の追求とか人間性の涵養とかよりも、受験テクニックの伝授に重きが置かれる世界ですね。

佐藤　それと同時に、私が指摘しておきたいのは、ズバリ「宗教教育」なのです。

池上　日本人が、圧倒的に苦手なところですね。ただ、これだけグローバリズムが進んできているわけですし、「宗教のことはよく分からない」では済まされない時代になっていることも事実です。その分野に滅法詳しい佐藤さんに、このタイミングで宗教教育という切り口から「オウム事件の背景」を語ってもらうことには、大きな意義があるでしょう。

実際、あらためてオウムの事件を思い起こしてみても、「彼らがなぜあんな事件を引き起こしたのか？」という根本的な問いには、結局ほとんど何も答えが出ていないのだから。

佐藤　おっしゃるとおりで、そこを徹底的に究明する必要がありました。しかし、元幹部たちの死刑執行によって、その道は閉ざされてしまったわけですね。私が見過ごせないのは、まさにそこなのです。

「テロ先進国」ニッポン

池上　教訓を引き出せなかったというのは、本当に痛恨の極みです。死刑執行後、講義を担当しているいくつかの大学で、オウム真理教について話をしたんですね。「選挙に候補者を立て、負けると自分たちの王国を建設しようとして過激な活動に走っていった」なんていうことを言うと、学生たちは唖然、茫然。要するに、なんにも知らないのです。

佐藤　それこそ、この世のこととは思えない。

池上　愛知学院大学で「死刑になった新実智光は、君たちの先輩で……」と話すと、愕然となる。東京工業大学で「彼らが組織内に作った『科学技術省』のナンバー2の人物は、この大学で学んだ知識を使って、サリンの生成プラントを造ったのです」と言えば、やはり一様にびっくりするわけです。ほんの二四年前の事件なのに、若い世代に何も伝えられることなく、「風化」しようとしています。

佐藤　伝えるべき内容がなければ、そうなってしまう。非常に由々しき事態だと思うのですよ。

余談ながら、実際に逮捕され裁判も経験した人間なので、皮膚感覚として分かるのですが、刑事事件の取り調べや裁判が対象にするのは、あくまでも刑事責任の部分なのです。例えば、今の日本では、三人を殺したら、間違いなく死刑になります。分かりやすく言うと、そのあたりが明白になっていれば、本当に必要最低限の立証しかしない。これは誤解されがちなのだけれど、検察も裁判所も、「刑事責任を明確にするためのお役所」であって、真相究明の責務を負っているわけではないのです。

池上　地下鉄サリン事件は、被害者の数が膨大で、全員の調書を取って証拠採用するとなると裁判が長引くからと、調書の対象者を絞りこみました。これだけの被害が出ていれば、もう十分公判が維持できる、ということで。

佐藤　教団の責任追及とは別に、国土交通省に設置されていた航空・鉄道事故調査委員会（現運輸安全委員会）のような組織を作り、国家プロジェクトとして真相究明に当たるべきでした。それをやらずに、教祖らを地上から消して「幕引き」というのは、なんとも納得できませんでした。

そのことが、国際的にみてもどれくらい大きな問題なのかということを、これもあえて申し添えておけば、オウム真理教が起こしたのは、人類史上初の大量破壊兵器を使用したテロ事件です。

池上 そう。化学兵器が無差別テロに使われた初めての例が、一九九五年三月の地下鉄サリン事件なんですね。

佐藤 そういう認識は、日本人自身にはあんまりない。

池上 ないですね。でも、考えてみると、七〇年に起きた「よど号事件」以降頻発したハイジャック事件とか、七二年のテルアビブ空港乱射事件だとか、あの時代から、日本人は世界を震撼させたテロを随分と起こしているんです。今、テロというとイスラム過激派などを連想するわけですが、どうしてどうして、実は日本は立派な「テロ先進国」と言っていいのです。そんなふうには、学校では全然教えられないのだけれど。

佐藤 時代を遡《さかのぼ》ると、日本人が大好きな新撰組なんて、丸ごとテロリスト集団ですからね。政治目的を果たすためならば、平気で人殺しをした。

池上　多くの人が褒めそやす「討ち入り」だって、そうでしょう。四七人で、たった一人の老人を問答無用で殺害するのだから。

佐藤　昭和初期の陸軍の皇道派と統制派の抗争は、文字どおりテロの応酬。六〇年代終わりからの過激派の内ゲバしかり。連続企業爆破事件なんていうのもありました。こう見てくると、日本人には昔からテロを厭《いと》わない文化があると言わざるをえないわけです。

池上　何か、テロリズムの美学みたいなものがあるようにも感じますよね。ちなみに戦後、GHQ（連合国軍総司令部）は、「忠臣蔵」の放送、上映などを一切禁じました。そういう日本人の奥底にあるものが、混乱期に再燃するのを恐れたのではないでしょうか。少なくとも、そうしたものに感化されにくい国民ではないんだ、ということは、日本人として自覚しておくべきかもしれません。

佐藤　思想史研究者の片山杜秀さんが『未完のファシズム』で展開したテーマにつながるのだけれど、彼らテロリストの頭の中には殲滅戦しかないんですね。中途半端な結論というのはなくて、行くところまで行く。思いが実現しなかったら被殲滅戦、すなわち玉砕だと。そういうテロの美学を宿している国は、その国民の自分が言うのもなんだけど、やっぱり怖いんですよ。

だからこそ、オウム真理教については、もっと時間をかけてきっちり調べるべきでした。彼らを育てた教育に問題があったとするならば、それはなんだったのかを関係者は虚心坦懐に総括し、その後の教育方針に生かすような取り組みがあってしかるべきだったと思うのです。

「オウム礼賛」の背景にあった無知

池上　例を見ないような凶悪な組織犯罪を平然と実行するような宗教団体が、なぜ誕生し一万人を超えるような信者を集めるまでになったのか？　地下鉄サリン事件が起きた時に、私も関連の書物を読んだりして、オウムの教義を虚心坦懐に勉強したんですよ(笑)。その結果、例えばシバ神を主宰神とするのだから、ヒンズー教の要素があること。一方、修行に関しては、ゴータマ・シッダールタが懸命に悟りを開こうとしてやったことを、日本においてまったく違う形で再現しようとしたこと——などが分かりました。

さらにオウムの場合は、そこにハルマゲドンというキリスト教の要素も入ってくるわけですね。世界最終戦争が起こると予言したり、あるいは地下鉄サリン事件の二ヵ月前に発生した阪神・淡路大震災は地震発生装置による攻撃だ、なんていう陰謀説みたいなものを流布したりもしたのです。

佐藤　サリン事件の背景に、あの大震災があるのは間違いないでしょう。多くの宗教に共通するメタファー（隠喩）と言ってもいいのですが、地の底には悪が潜んでいて、地震によってそれが噴き出してくるのだというようなメタファーが終末論的な宗教を信じる人に与える影響は、想像以上のものがあるんですよ。阪神・淡路大震災で「いよいよこの世の終わりが近い」という思考に傾いた結果、無差別テロが誘発されたのだと思います。

池上　話だけ聞くと荒唐無稽に思えるかもしれないけれど、そうした「終末思想」みたいなものに支配されていたのは、何もオウム真理教だけではありませんでした。地震はないと言われていた関西で、何千人もの人が一瞬にして亡くなってしまい、そのことに対してなすすべのない人間の無力感。ちょうど世紀末でもありました。

佐藤　それも、一〇〇〇年に一度の大世紀末。

池上　そう、ミレニアムだった。何かあるのではないかと思っているところに震災が起こって、なんとも言えない不安感に日本中が覆われていたんですね。オウム的なものに引きこまれやすい、時代の空気感があったのは事実です。

そういう時に武器になるのは、例えばしっかりした科学的リテラシーですよね。単純な話、あの地震がどういうメカニズムで起こったのかを理解し、実はかつて同じ断層が動いて大災害の発生したことがあったという事実を知れば、世紀末とはなんらの関係もないことが、子どもでも分かる。

佐藤　真実に忠実に、「陰謀説」をそれと見抜くことが大事になるのです。ただ、その能力を磨くのにも、訓練がいる。組織の中にいた人間たちは、逆にどんどんリテラシーが摩耗していったわけです。

池上　そういうことですね。先ほどの「そもそもなぜオウムが広まったのか」という話に戻ると、つまるところ、浄土宗とか浄土真宗とか日蓮宗とかの新しい宗派が興隆する鎌倉仏教より前の、初期仏教のことを分かりやすく現代風に説いたことで人々の心を摑《つか》んだのではないか、というのが私の仮説なのです。初期仏教のことをよく知らなかった人たちが、それを聞いて、素晴らしいじゃないか、と共感した。素晴らしいのは仏教であってオウムではないはずなのだけれど、そこで引っ掛かってしまったのです。

佐藤　宗教に対する「無知」がいかに危険なのかの実例と言っていいでしょう。でも、引っ掛かった人たちの中には、宗教学者やジャーナリスト、評論家、作家といった肩書きを持ち、マスメディアやアカデミズムで発信力を持つ人も相当数いました。この人たちの言動が、オウムの勢力拡大に手を貸したのは、消せない事実です。一宗教法人をどう評価するのか、言論は自由です。でも、言ったことには責任を取らないと。今日に至るまで、きちんと総括した人は、ほとんどいません。

池上　確かにそうです。

佐藤　こちらのほうは、まだ教訓を引き出せるはず。メディアは「当時、なぜオウムの味方をしたのですか？」とインタビューして回るべきだと思いますよ。

池上　これも余談ですが、責任という点では、あれだけオウムを勢いづかせてしまった背景には、既存宗教、とりわけ伝統的な仏教の弱体化があったことを指摘せざるをえません。はっきり言えば、「葬式仏教」に堕してしまって、その教えを広めることができなくなっている。

佐藤 仏教に限らず、既存宗教が、例えばリストラされた人の魂を慰める機能を果たすかと言えば、はなはだ怪しい。目の前にある現実の問題を具体的に解決できない宗教は、人の心をとらえられません。そういう部分から考え直す必要があると感じます。

池上 オウム事件をきっかけに、そうした現状に批判も高まって、あらためて仏教の力を見直そうという改革運動も起きるようにはなりました。そこには、大いに期待したいのですが。

なぜ宗教教育が必要なのか

佐藤 ところで、宗教改革の中心人物だったマルティン・ルターは、一五二四年に始まった農民たちの封建諸侯に対する反乱「ドイツ農民戦争」の際に、「反乱農民を殺せ」と主張しました。これ以上、権力に逆らうという罪を犯せば、農民たちの魂は汚れ、世界の終わりの日に復活することができなくなる。今、いったん魂を消してしまうならば、復活は叶《かな》うだろう。これは、愛の救済事業である――というのが、その理屈です。

池上　まるでオウムの「ポア」ですね。オウム真理教は殺人を「魂を救済する」＝ポアすると称して正当化していた。

佐藤　そう、ポアはこれと一緒なんですよ。オウムが狂気だというなら、キリスト教だって狂気の一面を持つのです。

池上　なるほど、そうですね。

佐藤　ヒトラーはルターを尊敬していて、彼の反ユダヤ主義はルターに起因するところ大と言われるほどです。キリスト教に限らず、宗教にはあまねく、こうした狂気の要素が埋めこまれていると言っていいでしょう。では、それを爆発させないためにはどうするか？　そこで宗教教育なのです。逆説的なのだけれど、しっかり宗教教育を施すことが大事になるんですよ。

池上　宗教にはそういう危険な側面もあるのだということを、きちんと学ぶということですね。

佐藤　そうです。さまざまな宗教の成り立ちや特性に加えて、ここまでいくと「猛毒」にもなる、ということを教えないといけない。どんな宗教にも非合理的な部分はあります。それぞれにどんな非合理なドクトリンが存在するのか、知識として持つことはとても重要なのです。

実は、今ロシアがそれを徹底的にやっています。というのは、ソ連崩壊の過程で、オウム真理教も含めて、危険なカルト宗教が入りこんできた歴史があるからです。

池上　社会が混乱している時は、とりわけ、そういうものにつけこまれやすいですからね。ロシアは教訓から学んだわけだ。

佐藤　そう。ところが、当の日本は、ずっと話してきたように、全然学んでいないわけです。

池上　「日本人は無宗教だから」で、なんとなく済ませていますよね。

佐藤　ニコライ・ベルジャーエフ（一八七四～一九四八年）というロシアの宗教哲学者が、「信仰を持たない人間は一人もいない」と言っているんですね。要は、正しい信仰か、そうでないかの違いだけ。無神論者は、無神論という宗教を信じているに過ぎないのだ、というのがその主張です。

これは、メタな立場から見れば正しいのです。何も神社仏閣教会がなければ宗教でない、ということはありません。今の日本で言えば、老後のために金は多ければ多いほどいいと貯めこむのは、「拝金教」。とにかく偉くなりたい「出世教」。あるいは「お受験教」「アンチエイジング教」……こういうのだって、みんな世俗化された宗教と言えます。

池上　例えば、企業という「教団」の一員となり、忠誠を誓う。だから、命を削って長時間労働に勤《いそ》しむかと思えば、定年退職した男は急に魂の抜けた濡れ落ち葉のようになってしまうんですね。

佐藤　さらに怖い話をしましょうか。イザナギ・イザナミの話から始まって、最後に「教育勅語」を暗唱させる幼稚園がありました。

池上　籠池泰典さんの森友学園。

佐藤　「教育勅語」を読ませるのも褒められたことではありませんが、それはまあ「主の祈り」や「般若心経」を覚えさせるのと、原理的には同格と言うこともできるでしょう。一番の問題は、「神道は宗教ではない」と言ったところなのです。これは、戦前の「神道は臣民の慣習だ」という国家神道の立場そのものなのだから。

池上　そう言って、神道を崇拝するように国民に求めたわけですね。

佐藤　現代においては、明白な憲法違反であり、教育基本法違反です。「怖い」と言ったのは、にもかかわらず、メディアを含めて批判がほとんど起こらなかったことに対してなんですよ。

池上　国民の多くも、そこに対する認識は、あまりありませんでした。

佐藤　宗教に対するリテラシー能力、センスを著しく欠いています。無宗教と言いながら、実は「見えざる国教」にどっぷり浸かっていることに、気付いていないわけです。

池上　新学習指導要領で道徳が教科に「格上げ」されるわけだし、敏感であるべきところは敏感でないといけません。初詣に出かけて、例えば「この神社には誰が祀《まつ》られているのか」とか、「この寺の宗派は何で、どんな教えなのか」とか、少なくともそのくらいは知ろうとしないとまずいというか、ご指摘のように危ういですよね。

教訓なきところに「オウム」は繰り返す

佐藤　地下鉄サリン事件に関わった人間たちは、この世からいなくなりました。しかしそれは、ああいう凶悪犯罪を起こすような宗教が日本から根絶されたということと、同義ではないのです。

池上　格差の拡大にブレーキがかからない。一方で、ちゃんとした宗教教育が行われる環境は、一般にはない。そうした現状を考えると、これからもいろんな装いを凝らしたカルト教団が出てきて、それに何も知らない若者がからめとられていく危険性は、非常に高いと言わざるをえません。

佐藤　今の中高生は、受験やスクールカーストで思い切りストレスを増幅させています。大学に行けば解消できるかと思いきや、知識の伝授はしてもらえるけれども、心の空白を埋めてくれる仕組みはないんですね。

池上　そこに、いろんな邪悪なものの入りこむ余地が生まれる。

佐藤　社会に出たら出たで、新自由主義によってみんなが分断された競争社会が待っているわけです。目いっぱい働かされたあげく、乾いた「成果主義」の物差しで容赦なく査定。景気がいいと言われても、実際の給料はそんなに上がらないし、社会には閉塞感が漂っている。そんな時に、オウム真理教の教祖のように一線を越えてトランスした人間が出てくると、わっとそれに群がって、ネットワークができていく。

池上　それは、現実的な危機だと思うのです。未然に防ぐ努力をしようとするならば、佐藤さんご指摘のように、ちゃんと宗教教育をやる必要がありますね。

佐藤　それも、近代的な合理主義、実証主義の枠から出てきた「宗教学」は、この場合役立ちません。「宗教とはこういうものです」といくら実証的に解明しても、内在的な論理が分からなかったら、ほとんど意味がないのです。

池上　先ほどの宗教の「狂気」みたいなものを炙《あぶ》り出すことはできない、ということですね。

佐藤　そうなのです。必要なのは、神学的、教学的なアプローチで、例えば「キリスト教カルバン派の人たちからは、世界はこう見えている」といった視点なんですよ。どちらかというと、精神病理学とか心理学とかに隣接するカテゴリーと言ったらいいでしょうか。社会学では限界があるわけです。

池上　ただ、例えばですが、キリスト教の聖書には「旧約聖書」と「新約聖書」があって、それぞれこういう意味がある、ということを学べば、「他にも聖書があります」と言われた時に「あれ？」と感じるくらいのリテラシーは、身につくのではないでしょうか。少なくとも、カトリックでもプロテスタントでもないようだ、と。

佐藤　「第三の聖書」を信じるのは、イエス・キリストを唯一の救い主とするキリスト教の基本ドクトリンからして、ありえません。ちなみに、モルモン教、統一教会がそうです。

確かに、いきなり神学的な授業をやれとか受けろとか言われても、難しい面があるでしょう。私は、宗教が絡んでいるいい小説を、何冊か読むことを勧めるんですよ。例えば、遠藤周作の『沈黙』、三浦綾子の『塩狩峠』。カルト宗教の怖さなら、村上春樹の『1Q84』もいいでしょう。

池上　フョードル・ドストエフスキーもいいでしょう。

佐藤　はい。特に『カラマーゾフの兄弟』がお勧めです。宗教には内在的な論理がある、世の中には合理性で乗り越えられないものが存在する、ということを理解するうえで、そうした小説を活用するのは、とても有効だと思いますよ。

池上　宗教にある内在理論という問題意識を持って読めば、なおいいですね。

佐藤　そもそもの話をすれば、今回の新学習指導要領で道徳が教科になるという議論をした時にも指摘しましたが、宗教科の授業がある学校は、あらためて教えなくていいことになっています。宗教教育に、道徳教育の要素が入っているからにほかなりません。

池上　真面目な宗教には、「狂気」の前に道徳がある。（笑）

佐藤　そう。だから、ちゃんと宗教を学ぶのは、道徳心を養うことに通じるはずなのです。キリスト教系だろうが仏教系だろうが、宗教系の私立学校に行く意味はそこにあるのかもしれません。

池上　カルトに騙《だま》されないようなリテラシーをどのように涵養していったらいいのかというのは、教育現場の大きな課題と言えるでしょう。大学もそこは問題を認識していて、例えば、専門分野に凝り固まらずにいろんな学問領域を学ぶことで、幅広い教養を身につけさせようという「リベラルアーツ」の重要性が、あらためて強調されています。

佐藤　「専門バカ」にならないというのは、そういう類いの危険から身を守るうえで、極めて重要な素養と言っていいでしょう。その意味でも、中高一貫の「受験刑務所」で、長く文系科目オンリーに近い教育を受けた結果、中学レベルの数学、理科の学力が欠落したまま有名私立大学に入るような若者は、危ういわけです。

池上　偏差値の高い大学に入ることを目的にしたがために、そんなふうに偏った大学生ができてしまうことの愚かさを、教育者も親も認識すべきです。一番の被害者は、目標に達したはずの当人なのですから。

第5章

揺らぐ知の基盤
大学をどうする

怠慢を超えた犯罪に近い知の軽視

佐藤　前に、「大学生が学ぶ目的を見失っている」という話をしました。初等教育、中等教育段階で学ぶことの意味や楽しさを体得することができず、自己目的化した「いい大学に入る」というミッションを達成したとたんに、何をしたらいいのかが見えなくなってしまうということなのですが、だからといって、受け入れた大学が免罪されるわけではありません。

池上　もちろん、大学自体の問題は大いにあります。向学心に燃えた若者を幻滅させているという実情もあるわけですから。

佐藤　個々の先生の能力ウンヌンは別にして、大学で研究し学生に教えるという仕組み自体が軋《きし》んでいるのは、疑いのない事実です。対談のラストに、この最高学府の課題と展望について、論じておきましょう。

今の大学教育の抱える矛盾、問題も多岐にわたっていますが、私が現場で特に感じるのは、教える側の危機的状態なんですよ。アメリカの大学では、教育に特化した人間が数多くいて学生を教えているという話をしたけれど、そんな環境とはほど遠い日本の現状は、極めて深刻なのです。ですから、優秀な学生がいても、私は研究者を目指すことを少なくとも今は勧めません。

池上　茨の道を進むことになるのが、分かっているから。

佐藤　博士課程まで行っても、ポスドク（博士課程を修了した研究職）という弱いポジションに置かれて、三十五歳くらいまでは、まず就職のチャンスはなし。かつ、自分の専門分野にマッチングする職場があるかどうかは、運次第というのが実情なのです。

池上　大学や研究機関に就職できても、今はほとんどが任期付きですからね。結果的に、学問の道を究めようとしても、それで食べていけるかどうか分からないという状況になってしまいました。大学の研究職というのが、非常に可能性の見えにくい職業になっているのは、おっしゃるとおりです。

それがすべての原因ではないと思いますけれど、日本の基礎科学分野の凋落が著しいんですね。論文の数や引用される数は、欧米に比べて見劣りし、中国に抜かれています。

毎年のようにノーベル賞受賞者が出るのを喜んでいるけれど、今受賞しているのはほとんどが一九八〇~九〇年代の成果で、先行きどうなのかは分かりません。ちなみに理系だけでなく、文系も状況は同じです。

佐藤　「文系の凋落」の例を挙げましょう。日本にも、結構ラテン語人口がありますよね。大学教育の現場だって、医学部で使ったり古典語の授業があったりするわけです。ラテン語やギリシャ語と日本語の対訳辞書は昔出たものばかりです。過去五〇年の研究成果が生かされた辞書がない。ロシア語だって、ソ連崩壊後に新しいものは発刊されていないのです。

池上　そうなんですか。

佐藤　言葉は生き物なので、三〇年もすれば数多くの新語が生まれています。今、モスクワのラジオを聞いたら、日本のロシア語教育を受けた人間には、分からない言葉だらけでしょう。まともな辞書がなかったら、語学の習得なんておぼつかないわけで、それが作れなくなっているというのは、極めて深刻な話なのです。

池上　ロシア語がそんな状態で、グローバル化を口にするのは、おこがましいとしか言いようがない。

佐藤　それだけではありません。あんまり頭に来たので、東京新聞に「ロシア語教育の危機」という一文を書いたのだけれど、一部の大学のロシア語の授業では、なんと複数形抜きの教科書を使っているのです。文法的に複雑だから全部割愛したのだ、というのがその理由です。

池上　信じがたいな、それは。

佐藤　ロシアでは三歳児でも複数形を使いますからね。教科書の例文は、不自然で無意味なものが多く、こんな文章を覚えたら有害でしかない、と思えるものばかり。これはもう、怠慢を通り越して犯罪ではないでしょうか。

池上　苦労しながら覚えさせるのが、語学教育でしょう。そもそも、使えない外国語をいくら習ったところで意味がないことくらい、大学の先生なら分かるはずなのに。そういうリアルな話を聞くと、日本の知の基盤が揺らぐというか、一歩一歩喪失に向かっているのではないかという感覚を禁じえませんね、残念ながら。

佐藤　今なんとかしないと、日本の大学教育が取り返しのつかないことになるのは明らかだと思います。

「裏口入学」は悪か？

池上　知の基盤が揺らぐという意味では、二〇一八年七月に、文部科学省の科学技術・学術政策局長だった人物が、文科省の支援事業の対象選定で便宜を図る見返りに自分の息子を医大に不正合格させてもらった疑いで、東京地検特捜部に受託収賄罪で逮捕されたという事件には、正直驚きました。まだ事実関係は闇の中で、もし事実であるとするならば、ということですが、「裏口入学」というのは、我々の現役時代からたびたび発覚して大問題になり、さすがに不正なものは根絶されたのではないかと思っていたのですけれど、あんなに露骨なことが行われるとは。

佐藤　財務省の福田さんなんかとは違った形の「エリートの崩壊」ですよね。これも、誰が考えても「悪事」を憚《はばか》ることなく実行しているわけだから、現場の感覚が相当麻痺している証左。私は、氷山の一角であるような気もしています。

池上　なるほど。その後も、大学が合格者の選抜において、受験生を「差別」していたというような事例が、芋蔓《いもづる》式に明らかになりましたね。医学部の女子受験生と浪人生の差別問題など、一連の事態については、佐藤さんはどうみたのですか？

佐藤　一般論で言えば、誰を合格させるかということに関して、私立大学には一定の裁量権が認められてしかるべき、というのが私の考えです。そういうのをすべて「裏口」と呼ぶのなら、一律の試験を課さず、論文や面接で入学者を決めるＡＯ入試とは、どう違うのでしょう？　私立大学には、経営があります。ある程度安定的な顧客が必要なことも事実なんですね。

池上　要するに、先ほどのように許認可の見返りとか金銭の授受だとかの「悪事」が絡んでいなければ、大学の裁量権があってもいい。

佐藤　いくら顧客が欲しいからといって、医学部が医師国家試験に受かる基礎学力がない人間を合格させるのは、「裏口入学」と言われても仕方がない。でも、基礎学力のある人間の中から誰をどう選ぶのかは、大学の判断ではないでしょうか。

ですから、例えば面接を得点化するのには、意味があると思うのです。夜勤などがあり、給与も低い病院の勤務医になりたがらない女性が一部にいるという現実は確かにあるかもしれませんが、だからといって一律に女性を減点するなど論外です。男女問わず、この人は、本当に医師になってずっと何年もやっていくつもりがあるのかを、じっくり見る。結婚したらすぐに辞めてしまうことが予測される人と、点数は少し低いのだけれど、医者をやっていくという意志が堅牢な人間のどちらを合格させるのか？　それはその学校の方針に従って決めればいいのです。

池上　大学としても、それなりの時間とコストをかけて勉強させるわけですからね。

佐藤　あるいは、親が大病院の経営者で、実は臨床よりもすぐに経営をやって稼ぎたいというタイプの受験生だったら、とりあえず医師免許を取るようなことをせずに経営学部に行きなさい、と「蹴飛ばす」ことだってできるわけですよ。私立大学がそうした裁量を持つのは、必要なことでさえあると私は思うのです。

池上　特に医学部は、患者さんの命が懸かってきますから、基礎学力の不足した人を入れるようないい加減な選抜はできないと思うのですが、実際に合格最低ラインの一点差のところに、十数人の受験生がひしめいていたりすることは、ありうるわけですね。そこについて、合否判定会議でどのような判定を下すのかで悩むことはあるでしょう。
佐藤　そういう時に判断基準になるのは、先ほどの面接の中身と、後は論文ですよね。もう一回書いたものを見直すと、やっぱりこっちのほうがほんのちょっといいね、と。そういう選び方をするのは、ごく普通のことです。
池上　重要なのは、裁量権を行使するのなら、許す限りオープンにやるべきだということだと感じます。さっき金銭授受と言いましたけれど、マイケル・サンデルの「白熱教室」のテーマに、「私立大学に多額の寄付をした親の子どもを入学させるのは、是か非か」というのがありました。学力の物差しで選抜するという点からするとフェアではないことになるけれども、その一人を入学させることによって、一〇〇人、二〇〇人の奨学金制度ができる。君たちはどう考えるか？　と。
実際、決して成績の良くなかったジョン・F・ケネディがハーバードに入れたのは、父親が莫大な寄付をしたからなんですね。あちこちの大学には、とてつもない寄付をした人の名前を冠した建物があったりするわけです。
佐藤　ビンラディン財団なんていう建物だってありますからね。

私の知り合いに、あまりできるほうではなかったが、大学の修士課程を終えてから、アメリカの名門大学の神学部に行った人物がいるのです。ある宗教団体の後継者だったのですが、普通なら絶対行けないところになぜ行けたのかといえば、経済力があったからでしょう。

池上　ああ、宗教団体の御曹司だし。

佐藤　大学からすれば、「是か非か」迷う余地のない金額だったのではないでしょうか。

池上　なるほど。加えて、アメリカの伝統ある大学には、卒業者の子弟は優先的に入学させるという制度もあります。親の出身校だから自分も、という愛校精神に満ちた人には、ちょっと下駄を履かせてあげようというわけですね。憧れを抱いて入ってくる学生を増やすというのには、大学としてもメリットがあるでしょうから。

佐藤　池上さんが慶應大学に入る時の願書に、「三親等以内に当校出身者はいますか」というような記入欄はありましたか？

池上　いや、なんにもなかったと思いますが。

佐藤　ファミリー的な慶應だったら、可能性があると思ったのですが。私が受験した当時の同志社には、それがあったんですよ。さすがに現在はありませんが。

企業にOJTの余裕がなくなった

池上 当然、今回の教育改革でも、大学の問題は強く意識されていますよね。初めのほうで紹介した教育再生実行会議の「第四次提言」では、大学教育のあり方について、次のように指摘しています。

第三次提言で述べたように、知識・情報・技術が社会のあらゆる領域で活動の基盤となる知識基盤社会にあっては、大学が担うべき役割は一層大きくなっています。大学は、これまでの延長線上ではなく、将来を見据えて必要となる人材を輩出していくよう、教育機能を強化する大胆な改革に踏み出さなければなりません。これからの社会において重要なものは、大学入学時の学力ではなく、卒業時までに鍛え抜かれた力であり、大学が生涯を通じての学びの拠点となることが必要です。大学は、高等学校までの教育を基に更に付加価値を高めるため、それぞれの強みをいかし、学びの質的転換を図るとともに、厳格な卒業認定を徹底させることが必要です。（略）

まったく、おっしゃるとおりだと言わざるをえないのですが。

佐藤　ある意味、大学に対する期待が非常に高いわけですよね。その背景には、官庁でも企業でも、仕事に必要な技能を身につけさせるＯＪＴができにくくなっているという事情もあるように思うのです。

池上　オン・ザ・ジョブ・トレーニングを施す、つまり現場の実務で仕事を覚えさせることが難しくなっている、と。

佐藤　先日、ある地方ブロック紙のモスクワ支局長をやっていた記者に会った時に、「新聞社の外信部への就職を希望する学生がいたら、何をやれとアドバイスしたらいいか？」と聞いてみたのです。すると、帰ってきた答えは、「語学をやるべき」でした。なぜかというと、自分が駆け出しの頃には、語学留学の制度があった。しかし、今それをできる新聞社は読売と朝日と日経新聞など大手しかない。それ以外の会社は推して知るべしで、留学させる体力自体がなくなった。だから、逆に大学時代にスペイン語でも中国語でもロシア語でもいいから、そこに特化して一定のレベルに達していれば、採用においても有利になるし、外信部へも行きやすい——と。そういう話なんですよ。

池上 企業の側に、入社した人間を一から育てていくという、主としてコスト面での余裕がなくなっているんですね。

佐藤 こういう話は、マルクス経済学の視点でみていくと、分かりやすいのです。マルクス経済学においては、労働者が受け取る賃金（労働力商品の価値）には三つの要素があると分析します。一つは、衣食住に費やして、ちょっとしたレジャーを楽しんで、次の一ヵ月働けるエネルギーを蓄えること。二番目は、家族を育て、次の世代の労働者階級をつくっていく家族の維持という要素。そして三番目にくるのが、自己教育なのです。システムの高度化などに備えて自分で教育・訓練を行う。その教育費も賃金に含まれるのです。要するに、その三要素を満たす賃金が支払われて、初めて資本主義のシステムが回っていくというわけ。

池上 企業活動にとっても、労働者自身の生活にとっても、教育というのはそれくらい大きなウェートを占める。

佐藤　日本の場合、その個人の責任で習得すべき部分を、長く企業が肩代わりしていたんですね。大学までの座学で基礎的、受動的な知識を身につけた人間たちを、終身雇用制を前提にしたＯＪＴで鍛え、最初の数年間で実戦に役立つアクティブな力をつけさせていたのです。ところが、論じてきたように、今その企業教育が非常に細ってしまった。

池上　そこで、社会や企業が、大学に「将来を見据えて必要となる人材を輩出していく」ことを求めている、というわけですね。

佐藤　逆にそうなっているから、と今の教育改革を批判する人たちもいます。気持ちは分かるのだけれど、だから大学が「象牙の塔」であっていいということにはならないと思うんですよ。

今も述べたように、以前なら基礎的な知識が頭に入っていれば、稼ぐのに必要なスキルは会社に入ってからトレーニングすればよかった。ところが、それが難しくなっているという現実があるんですね。ＯＪＴなしに、いきなり現場に放りこまれるようなことが普通になっているわけで、そこで一番困るのは、それに対応できる力を持ち合わせていない若者たちなのだから。

大学のアクティブ・ラーニングと「出口保証」

池上　なるほど。佐藤先生は、そうした考えの下に、大学でアクティブ・ラーニングを実践しているわけですね。「こういう学生を育てたい」という、具体的なビジョンはあるのですか？

佐藤　先ほど話題にした同志社大学神学部の一部の学生たちに関して言えば、アクティブ・ラーニングの前に、英語検定と数学検定を受けさせています。英検の準一級には、すでに六人中三人が合格しました。加えて、毎回講義の最初に地方公務員上級試験の教養試験の問題を解かせます。大学院を出るまでに、それに受かるような「出口保証」をしようというのが、その狙いです。

池上　そうですか。地方公務員の上級にターゲットを定めた理由は？

佐藤　なぜ国家公務員の総合職をやらないかというと、その勉強をさせたら、肝心の神学をやることができなくなるからです。勉強に要する時間が、全然違いますからね。文学、哲学、神学などの勉強と両立できるのが地方公務員上級試験なのです。でも、この試験に受かる意味は大きい。

池上　費用対効果が大きい、と。（笑）

佐藤　地方公務員上級職になると、丁寧な研修が施されます。その後、五年間勤務したら、国連本体やユネスコ（国連教育科学文化機関）、ユニセフ（国連児童基金）といった国際機関に応募する道が開けるのです。国際経済とか国際人道法とかに関わる修士号を持っていて、地方自治体に五年間勤務したという実績があれば、受かりやすくなります。この場合、地方公務員という実務実績が重要で、大学院を出ただけでは国際機関はなかなか採用してくれません。

そうやって国際公務員になって活動して、そこで実績を作れば、今度は外資系の企業に行くとかいうことも可能になる。そういうキャリアパスが描けるように、とにかく出口で公務員だけは最低保証しておくというやり方を、今実行しているのです。

池上　そんなに戦略的な教え方をしている大学の先生が、どれだけいるでしょうか。でも、そうやって出口を保証しているからこそ、学生たちは厳しい勉強についてくるのかもしれません。

佐藤　大学レベルの教養を身につけろといっても、何が大学レベルなのかは、実際には分からないでしょう。地方公務員の上級職員試験の教養というのは、ちょうど大学卒として必要な教養のレベルだということに、ようやく二年前くらいに気がついたのです。いくら学生が「教養がついた」と自称していても、それでは世間は認めてはくれません。そこをちゃんと説明できる「資格」として、地方公務員上級試験合格というのは、うってつけでした。今は、そういう座学をアクティブ・ラーニング的な学びと同時並行で進めているわけです。

池上　そこから巣立った学生たちがどんな活躍をするのか、楽しみですね。

佐藤　あえて付け加えておくと、ずっと教えてきて分かったのが、大学院の重要性です。大学に入って、学部の一回生の時から一生懸命勉強したとしても、三回生の秋になると就活でそわそわしてきて、翌年の二月くらいから少しずつ、先輩訪問とかインターンとかを始めて、内定の出るのが四回生の五月か六月でしょう。その後は、何をするでもなく時間が過ぎていく。つまり、四年制大学に入っても、実質二年半しか勉強する期間がないことになるのです。

でも、その環境は、大学院進学を視野に入れると、一変します。院の場合、就活は二年目の年明けになってから。三月くらいから本格的に企業を訪問して、内定が出るのが五月か六月ですから、就活で失うのは四ヵ月くらい。就活が終わったら、そこから修論を書きますから、また勉強です。だから、大学での勉強時間は、修士課程に行くと、学部の丸々四年プラス一年八ヵ月の五年八ヵ月、行かなければ二年六ヵ月という計算になるんですよ。

池上　修士課程に進めばプラス二年ではなく、それ以上の差になる。そこも盲点です。

佐藤　これからの時代に社会から求められる人材になりたいと思ったら、大学院に進んでみっちり学ぶことを勧めたいのです。複数形のない教科書で語学の授業をするようなところでは、意味はありませんが。

個人的には、例えば今の大学の学部と大学院までで、実質の学習時間はこんなに違うという話を、いろんな大学の学長にぶつけてみたいですよね。そういうことを考えていって、大学院まで六年間行くということになると、恐らく四年と二年で分けるよりは、三年と三年にしたほうがいいのではないか、といった視点も出てくるように思うのです。大学院に進む人間は、三年目に卒論を出させてしまったらいい、と。

池上　東工大は、理学部、工学部という区分けを改組して、最初から六年間学ぶことを前提にした組織に作り替えました。早稲田の理工もそうしました。ほぼ全員が、院に行きますから。

佐藤　文系の学部でも、そういう取り組みがあっていいのではないかと思うのです。

私大は入試の「作問力」で勝負を始めた

池上　教育改革で、大学にも根本的な変革が突きつけられる中、さまざまな形で大学間の競争も激化するでしょう。それが知の基盤の揺らぎにブレーキをかけ、学生に時代に必要な学力を提供するエンジンになればいいのですが。大学にも、前に話した悪しき偏差値至上主義を自ら排するような努力が必要だと感じます。

佐藤　大学の求めるやる気のある優秀な人間と高偏差値の学生は、イコールではないはずですから。そういう意味で、近年、注目していることがあって、早慶といった私立大学が、単純に東大の「滑り止め」にできなくなっているんです。関西では同志社と関西学院大学も京大の入試に備えた学生たちにとっては簡単には「滑り止め」にはなりません。これは、単に私立の偏差値レベルが上がったからというだけではないんですよ。私大側が、そこを第一志望にして独自の勉強をしないと受からないような問題を、受験生に課すからなのです。

池上　なるほど。受験科目数が少なかったとしても、まったく分野の違う問題を出されたら、東大入試を突破する勉強をしているのだからカバーできるだろう、ということにはなりません。

佐藤　そういうことです。一例を挙げると、早稲田の文化構想学部の入試問題は、近代文語文、要するに江戸末期から明治時代の文語文が出題されます。これを出題範囲に入れているのは、後は一橋と上智大学の経済など。高校では普通学ばないので、「東大文Ⅲには受かったけれど、早稲田の文化構想は落ちた」ということが、実際に起こるのです。

ところで、これらの大学がなぜそういう入試をするのかというと、入学後の授業に必要だからではありません。「うちの入試問題は、最低二ヵ月は近代文語文を勉強しないと、点が取れませんよ」という意思表示なのだと思います。つまり、「特別の勉強をしてでもこの大学に入りたい」という「第一志望の学生」を集めるための入試戦略なんですよ。

池上　なるほど。「勉強ができるから東大理Ⅲ」というのではなくて、「ここでこれを学びたい」という、まさに目的意識の高い学生を入れたいということですね。

佐藤　そのとおりです。第一志望の学生比率の高低は、大学の活性化を左右しますから。明治の助教をやっていた国際法学者の金恵京さんがどうして日本大学の危機管理学部に移ったのか、という話が面白かった。彼女は二〇〇〇年明治大学卒です。韓国において、明治のステータスは戦前から非常に高い。にもかかわらず、という話なのですが、彼女によると今の明治は停滞感があるのだ、と。上位集団のほとんどが国立大学を落ちてセンター入試で入ってきているから、自己評価がすごく低いのだそうです。

池上　よくあるケースですね。

佐藤　それに対し、日大の危機管理学部というのは、将来、警官や海上保安官になりたくて第一志望で入ってくる学生が多いから、士気が高いのだ、と。学生に、「こういう勉強をこういう方向でやりなさい」と言うと、しっかり取り組む。やむなく「滑り止め」に入った明治の学生たちとは、学ぶ意欲が違っていることを、肌で感じたわけです。

池上　それで、教えがいのある職場を選んだ。

私立大学で最近注目を集めているのは、近畿大学ですよね。あっと驚く入学式をやったり、マグロを完全養殖する研究を積極的にアピールしたりして、「この大学に入ってよかった」と思わせている。その結果、志願者数ナンバーワンになりました。

佐藤　慶應も、センター試験に完全に背を向けることによって、東大の滑り止めから脱却しています。早稲田の政治経済学部が、二〇二一年度の一般入試から数学を必須にします。

池上　トレンドとしては、文系の学部が数学を必須から外すと、受験生が増えて名目上の偏差値も上昇するから、できるだけそういう方向にいこうということなのですが、完全にアンチの方針ですね。大きな波紋を広げました。数学を必須にすると、文系オンリーではなく、東大と併願という受験生が増えると思いますが。

佐藤 東大を蹴ってでも早稲田の政経にという、魅力あるプログラムを作りたいというところまで構想していると思いますよ。慶應を再逆転するには、そのくらいのことをやらないと、と。（笑）

そうやって第一志望の学生を集める意義というのは、自分で教えていても実感するんですよ。先ほども言いましたが、最も教えがいのあるのは、偏差値六〇台後半くらいのベースがあって、「同志社の神学部に行きたい」と入学してくる学生たちです。彼ら彼女らは、水が合えば、一年くらいで大学院レベルのところまで学力が伸びますから。

話を戻せば、少子化が進むこともあって、おっしゃるように特に私立大学の生存競争は、これからますます激しさを増すでしょう。キャンパスの活性を高めることは、私大の生き残り戦略でもあるわけです。一部の学校は、入試問題の作問力や受験科目を武器に、その競争を勝ち抜こうとしている。そういう取り組みは前向きに捉えるべきだと思うのです。

池上　本来、学生の興味関心や能力には、多様性があるわけですから、それをすくい上げて花開かせるような仕組みが必要ですよね。そういう意味でも、日本の教育界に巣くう意味のない大学のヒエラルキーを打破する意義は、明確なのです。そのために、まず大学の側が、そこで学びたい学生を採る。仮に不本意な入学だったとしても、入ってみたらいろんな発見があって、大いに成長できたという学びの環境を作る。「ここに来て良かった」と思わせる。そういった実践を広げていく必要があるでしょう。

佐藤　そう思います。

大学授業料は無償化すべきか

池上　これは大学に限った話ではありませんが、教育の無償化が議論になっていますよね。親に経済的な余裕がないために、高校や大学への進学を諦めなくてはならない子どもたちがいる。こうした、日本の将来にも関わる教育の現状をどうしていくのか、という課題です。

佐藤　個人的には、高校教育まで完全無償化すべきというのが、私の意見です。

池上　大学授業料は？

佐藤　大学は無償化しなくてもいいのではないかと思うんですよ。そこは国公立大学と私立大学を分けて考えて、国公立については、奨学金に依存しなくても通えるぐらいまで、具体的には年一二万円ぐらいに学費を抑える。その代わり、私学への国庫助成はやめるのです。私は、私学はもう徹底的に淘汰されればいいという、極論の持ち主でもあります。

池上　それはまた極論ですね。私立大には「全入」とか、中には定員割れなんていう学校も出てきているからですか？

佐藤　私大に対する国庫助成分は、医療系の学部を除けば、学費を一人あたり数万円上げれば賄える例がほとんどです。今、私大文系の学費がだいたい年一〇〇万円ですから、数万円値上がりしたからといって、その大学に来ない人がそんなにいるとは思えません。

私大の国庫助成をやめるべきだと言うのは、その程度の金額をもらうのと引き換えに、折に触れて国の顔色をうかがわなくてはならない現実があるからにほかなりません。

「新しいことをするなら、こういう基準に従え」とか。それでは、なんのために私学を作ったのかという根本のところが問われてしまう。その状況から自由になれるという点で、大学にはメリットがあります。

そのうえで、私大は欲しい学生を確保できるような奨学金制度を独自に作ればいいのではないでしょうか。やはり、国公立とは別の将来戦略を立てるべきだと思うんですよ。

池上　なるほど。そういうのも、一つの考え方だと思います。ただ、国立大学に関しては、学費抑制とは真逆の動きが顕在化しているんですね。東工大は、全国の大学の先陣を切って、二〇一九年度から授業料を年間約一〇万円引き上げました。

それまで国の内部組織だった国立大学は、〇四年にそれぞれが独立した国立大学法人になりました。その際、学費については、文科省の省令で五三万五八〇〇円という標準額が定められ、その一二〇%までの範囲で各大学が自由に決めてよろしい、ということになったわけです。

佐藤　独立法人化で、学費値上げが可能になった。それを今回、実行に移したわけですね。

池上　すでに話したとおり、東工大は、学部と大学院を一体化するといった教育改革を進めています。今後は、世界の一線級を招いた講義を行うなど、他大学にない教育の充実を図るのだというのが、値上げの理由です。とはいえ、六年間通えば、およそ六〇万円の負担増になるわけですよ。

東工大はブランド力がありますから、その程度の値上げで学生が逃げることはない、と踏んでいるのかもしれません。法人化して以降、大学の収入は増えていて、経営難が値上げの理由ではないとも説明しています。ただ、全国には、交付金の切り下げなどで経営的に厳しくなっている国立大学が、数多くあるはず。今後、国公立で学費値上げが相次ぐような状況にならない保証はないでしょう。

佐藤　経済格差が広がる現状を重ね合わせれば、それは由々しき事態です。高等教育の機会均等を担保するという使命を、国公立大学にはしっかり果たしてもらわなくてはなりません。

池上　ちなみに、国から出る国立大学運営費交付金は、独立法人化以降、毎年一％ずつ機械的に減らされています。ブランド力のあるところはいいけれど、地方大学などは、かなり厳しい状況になってきていると思いますよ。

佐藤　そこもシビアな言い方になるかもしれませんが、そうした大学は、例えばエリート養成ではなく地域住民に開かれたコミュニティー・カレッジの要素を高めるだとか、都会の学校とは違うところで勝負することを考えるべきではないでしょうか。

池上　ただ、交付金の減額が、知の基盤を弱体化させる要因になっているのも事実ですよね。先ほど、大学の研究者の置かれた厳しい現実について論じましたが、今ノーベル賞を取っている人たちが大学にいた頃には、じっくり腰を落ち着けて研究できる環境があったわけです。ずっとそこにいられるという身分保障があったからこそ、長期的な展望を持って打ちこめた。ところが、大学が財政的に厳しくなった結果、とにかく早く成果を出すことが求められるようになりました。

佐藤　そうしないと、席がなくなる。

池上　そんな研究環境が、論文不正を多発させる原因にもなっているんですね。国立大学への資金を削るというのは、とんでもない間違いだと私は思います。

佐藤　資金の集め方も含めて大学間で競争させ、研究内容などにそれぞれの個性を持たせていくというのは、いいと思うのです。ただし、肝心の学び研究する環境が損なわれたり、経済的な理由で進学できない若者を増やしたりするのでは、あるべき改革とは言えません。そこは、みんなでしっかり監視していくことも必要ですよね。

「親の教育」も必要だ

池上 今俎上にある日本の教育政策で、教育無償化とともに論争を呼んでいるテーマが、幼児教育のあり方です。人間の成長にとって幼児期の教育がいかに大切かということが科学的に解明されているのに、肝心の保育所が足りなくて、子どもを預けたくても預けられない現実があるわけですね。

佐藤 それに関しては、まず速やかに幼保一元化を実行すべきです。

池上 同感です。

佐藤 旧ソ連にいたせいか、かの国の保育のイメージが私には強く残っているんですよ。生後一〇ヵ月ぐらいになると、夜の七時、八時までしっかり預かってくれるんですね。

託児所は、基本的に自宅の近くにあって、教育もかっちりやる。ソ連は、中等教育（日本の高校に相当）までは、すごくよかったと思うのです。

池上　ただ、今の日本で議論している「幼保一元化」は、ともすれば「保育所は足りない、幼稚園は余っている。だから一緒にしよう」という話になっていますよね。そうではなくて、そこで何を教えるのかという、教育の質まで含めた本当の意味での一元化を考えていかなければいけないと思うのです。

佐藤　中身は千差万別ですからね。

池上　現実には、ただ預かっているだけというところも多いでしょう。本気で日本の未来を考えるのならば、それでは不十分だと感じます。

ついでに家庭での幼児教育についても触れておくと、これは国家が介入しにくいところでもあるのだけれど、今、子どもとの接し方が分からない母親がたくさんいるわけです。授乳の時には、ちゃんと子どもの顔を見ながらお乳を与えるのが大切なのに、それをせずにスマホをいじっているとか。この前、見せてもらって驚いたのだけれど、スマホに「いないいないばあ」のアプリがあるのをご存じですか？

佐藤　初耳です。

池上　それを見せておけば、例えば新幹線の中でも、とりあえず静かにしていてくれるわけです。

佐藤　育児が大変なのは理解するけれど、それはない。何か薬物を飲ませるのと同じ発想ですね。

池上　そうです。少なくとも、そういうことをやってはいけないのだというのを、母親やもちろん父親にも教育する場が、どこかの時点で必要なのではないかと思うのです。まあ、いろんな意味で「親の教育」も重要ですよね。偏差値至上主義を蔓延させているのは、受験産業や佐藤さんのおっしゃる「受験刑務所」のような一部の学校、それを是とするかのようなメディアの存在だと思うのですが、父母がそれに乗ってしまっているという現実があるわけですから。

佐藤　本当に子どもの将来を考えるのならば、「お受験教」「偏差値教」に取りこまれてはいけないのです。

池上　そういうことだと思います。

教育の議論を続けよう

佐藤　これも個人的な体験なのですが、ある人から頼まれて、一人の若者の面倒を見たことがあるんですよ。頭はいいのだけれど、ちょっと人生からドロップアウトしたような形になっていて、下手をすると秋葉原の無差別殺傷事件みたいなことを起こしかねないから、面倒を見てくれないか、と。

池上　それは大変な依頼だ。（笑）

佐藤　聞いてみると、父親は大手電機メーカーのエンジニア、母親はイギリスに留学経験あり、弟は早稲田の理工で大学院まで行った、妹は音大でピアノを勉強している。ところが、彼だけ高校の時に落ちこぼれてしまい、単位制の高校か何かに行ってFランクの私立大学に行くのだけれど、二週間でやめてしまった、という境遇でした。

出会った時には、家族とは喧嘩して、実家から出て祖母の家に住み、宅配便の集配をやって暮らしているという状況だったんですよ。給与はそこそこいいのだけれど、誰とも口をきかないような生活をしていた。なんとかして心を解きほぐそうといろいろ話していたら、同志社の神学部に来たいと言い出したんですね。でも、当時の偏差値は三七、八ぐらいしかない。

池上 同志社の試験を突破するレベルからは、ほど遠いですね。

佐藤 しかも、そんなことを言い出したのが六月で、試験は翌年の二月。どうやって半年で合格させるかということで、勉強のプランを立て、私が世界史を教え、国語と英語は別の人に頼んで特訓を施したのです。そうしたら、すぐに世界史が偏差値七〇越えして、それが「動力」になって、英語も力をつけて。結局、同志社五学部を受けて全部受かりました。

池上 すごいな、それは。やはり地頭が良かったんだ。

佐藤 そう思います。で、神学部に入り、イギリスに短期留学もしたりして、大学院まで行きました。この前牧師になって、結婚もし、子どももできました。最初の頃から考えると、別人です。

面白かったのは、同志社に入った瞬間に、家族との関係が完全に改善したことです。

親のところに寄り付くようになって、きょうだい仲も全部回復したんですね。周囲が認めたというのもあるのだけれど、本人が自信を取り戻したというのが大きかった。

池上　その子は、佐藤さんに出会えて幸せでしたよね。

佐藤　私が得た教訓は二つで、一つはきめ細かくやることをやれば、学力はつく。
　ほったらかしにされていたら、彼は冗談ではなく何か事件を起こしていたかもしれません。その青年にもう一〇年ぐらい伴走しているのだけれども、皮膚感覚としてそれを感じるのです。
　学校教育で一回こぼれ落ちた結果、もう這い上がれない。今の肉体労働をしていたら、三〇代の半ばくらいで失業するかもしれない。いずれにしても、高齢フリーターになるのは目に見えているじゃないか——。そういう状況になると、「みんなが一度不幸になればいいんだ」という心理になってもなんら不思議はないということが、話をしていてリアルに追体験できたわけです。

池上　繰り返しになりますが、現代の日本には、同じような境遇の若者がゴマンといるわけですね。格差、この本のテーマに即して言えば教育格差が広がると、おっしゃるような社会的なリスクも必然的に高まっていく。

佐藤　我々は、そういう社会になるのを事前に防止しなければなりません。過去にいろんなことも見てきているわけだから、そういうところからも学ばなければいけないんですよね。

池上　教育の現場で若者たちと接している我々だからこそ、できることがあるかもしれません。二〇二〇年度教育改革を中心に話してきましたけれど、まずは実際に動き出す施策の行方を注視していく必要があります。

佐藤　新しい仕組みを始めたから、それでよしでは、もちろんありません。教育の問題は、長いレンジで、真面目に取り組んでいく必要があるわけです。改革の成果として、子どもたちが二一世紀型の学力を身につけることができなければ、本当にこの国は危ういのですから。

池上　常に検証を怠らず、より良い方向に向かうための議論を重ねていくという姿勢が求められますね。

佐藤　思うのですが、古い教育制度に乗っかったヒエラルキーを打破するためにも、やっぱり池上さんや私みたいな私大出身者が、もっと頑張らないといけないのかもしれません。

池上　なるほど。（笑）

佐藤　前にも言いましたが、私はいろんな大学の学長だとか、そういう立場の人たちの話をぜひ聞いてみたいと考えているんですよ。池上さんとも、継続的に議論の場を持ちたいと思うのです。

池上　教育は国の要ですから。もちろん異論はありません。

鼎談

大学入試センター理事長が明かす二〇二〇年度入試改革の真の狙い

山本廣基　大学入試センター理事長
池上彰
佐藤優

中央が山本理事長

山本廣基（やまもとひろき）

一九四七年大阪府生まれ。島根大学大学院農学研究科修士課程修了後、民間会社勤務を経て七七年より島根大学助手、助教授、教授の後、国立大学の法人化に伴い島根大学理事・副学長、学長（この間、国立大学協会入試委員会副委員長）、熊本大学監事を経て、二〇一三年四月より現職。専門は農薬環境科学。

「ＡＩ時代」に相応しい教育を目指す改革

佐藤　防衛省の文書隠蔽、財務省のモリカケ問題での文書改竄、厚生労働省の「統計不正」、さらには官僚のセクハラや子息の裏口入学依頼と、霞が関に限ってみても、「日本の頭脳」たるべき人たちの信じがたい振る舞いが、次々に明るみに出ました。こんな状況を生み出している原因の一つに「教育」があるのではないかという問題意識を出発点に、池上さんと対談を重ねたのですが、その中で教育の現場に最前線で向き合い、改革を志向する人たちと意見交換の場を持つことが重要だということに気付きました。候補の一人として大学入試センターの山本廣基理事長を挙げ、編集部に設定を依頼して、今回のちょっと異色な顔ぶれの鼎談が実現したわけです。まずは、我々のオファーを快諾いただいたことに、感謝いたします。

山本　いえいえ、我々としても、できるだけ教育改革の中身や状況をご理解いただくために、お声がかかればできる限り出かけて行って、話をするように心がけているのです。

実は大学入試センターは、試験を扱うという微妙な立場もあって、ほとんど広報活動はしてこなかったんですね。しかし、理事長になってみて、あらためて我々のことをもっと知ってもらうことが必要だと感じ、積極的にアピールしていこうというスタンスに転換しました（笑）。逆に、今日はこういう機会をいただきまして、大変ありがたく思います。

山本廣基氏

池上　では、さっそくですが、二〇二一年から今の「大学入試センター試験」に代わり「大学入学共通テスト」、いわゆる「新テスト」が実施されます。内容面では、国語と数学に新たに記述式問題を導入し、従来「読む」「聞く」のみだった英語を「話す」「書く」を含めた四技能で評価する、といった改変がありますよね。入試問題を作る側として、あらためて今なぜ入試改革なのか？　からお話しいただきたいと思います。

山本　センター試験の前には、一九七九年から国公立大学を対象とした「共通一次試験」が行われていました。これと各大学が実施する二次試験との組み合わせで合否判定をしていたわけです。ただ、各大学の試験には奇問・難問が少なくない、といった批判が絶えなかったわけですね。

池上　特に国立の旧二期校が有名でした。（笑）

山本　加えて共通一次は、国立大学の序列を固定化するなどといった批判を背景に、時の中曽根康弘内閣が立ち上げた臨教審（臨時教育審議会）が、抜本的な教育改革の一環として私立大学も使える新テストを提言し、それに基づいて九〇年から今のセンター試験がスタートしたのです。私立に門戸を開いただけでなく、それまでの五教科全体で一つのセットのテストから、一科目から利用できるようになったのも共通一次との大きな違いでした。

池上　実際、私立大学の参加は増えました。

山本　ところが、回を重ねるうちに新たな問題も意識されるようになったんですね。例えば競争が激化した私立大学が、多くの入試科目を課しては学生が集められないからと、センター試験の受験科目を絞った結果、「それで本当に大学教育を受けるに足る学力の測定になっているのか」という批判が起こりました。

同時に、大学入試そのものが依然として知識偏重になっている、逆にこの一〇年ほどで増加した推薦・AO入試の一部は「学力不問」になっているのではないか、といったさまざまな疑問の声も高まったのです。

佐藤　大学入試の構造的な問題は残されたままだった。

山本　そこにメスを入れるべく二〇一三年に出されたのが、総理の私的諮問機関である教育再生実行会議による「第四次提言」でした。

内容をごく簡略化して言えば、一つは高校教育の質の確保・向上。これに関しては、二二年度から新しい学習指導要領による授業が始まります。二つ目は、明確なアドミッション・ポリシー（入学者受け入れ方針）、カリキュラム・ポリシー（教育課程の編成・実施方針）、ディプロマ・ポリシー（学位授与方針）に基づく大学の教育機能の抜本強化。そして三つ目が両者の接点である大学入学者選抜の再構築、いわゆる「高大接続改革」です。

池上　高校、大学の教育機関としての役割と同時に、それらをつなぐという大学入試の機能を明確にしたわけですね。入試制度がより良いものになれば、大学は欲しい学生を集めることができる。そこで問われる問題が変われば、高校教育の中身も変わってくるのではないか、と。

山本　そうです。これらを三位一体で進めようというのが改革の趣旨なのですが、メディア的には、インパクトの大きい入試にばかり注目が集まった感が否めません。（笑）

佐藤　池上さんとの対談でも、新テストがメインテーマになりました。（笑）

山本　むろん、高校教育と大学教育をつなぐ大学入試が、改革の要であることは言うまでもありません。ただ、我々は、選抜の精度を高めるといったテクニカルな部分のみを変えようと考えているのではないのです。

池上　そこは重要なポイントですね。

山本　最初の「今なぜ入試改革なのか？」という池上さんの問いに答えるとすれば、やはり社会がグローバル化し、価値観も非常に多様化してきている。それから、なんと言ってもＩＴ（情報技術）が急速な進歩を遂げて、ＡＩという言葉を日常的に耳にするような、世の中の大きな変容が起こっているわけですね。従来との違いは、とにかく一〇年後の日本がどうなっているのかさえ、なかなか描きにくい状況になっているということです。

池上 中央官庁が旗を振り、それに従って頑張ればうまくいく時代ではなくなっている。

山本 そうした状況を踏まえ、次世代の日本を支える若者の教育を、新たな時代を見据えたものに変えていかなければならない。彼らにAI時代に活躍できる人間に育ってもらわなくてはいけない、という結論が導かれたわけですね。そういう文脈の中で、入試制度も抜本的に見直していこうということなのです。

佐藤 やはりAIが強く意識されていますよね。

山本 「AIに仕事を奪われる」というようなことも言われるわけですけれど、例えばゼロから新しい価値を見出すだとか、より創造的な仕事だとか、人間が持っている最後の砦《とりで》というか、AIでは代替できない能力があるはずなんですね。ただし、それを発揮するためには、そういう能力を見つけ出し、伸ばすような教育をしていく必要があるわけです。

国立情報学研究所の新井紀子さんが、ＡＩに「負けない」ためには、読解力が重要だとおっしゃっていますよね。ところが、今の中高生の読解力は驚くほどその能力が低下しているのだ、と。仮にそういうところにターゲットを定めた教育が必要だとしたら、大学教育に必要な基礎力を測る入試問題もそれに即した内容にしていかなくてはいけない。

池上　新井さんの指摘については、佐藤さんとの対談でも論じたんですよ。

今のお話の中で、「学力不問」という実態についての指摘がありましたけれど、本当に大学で学ぶだけの学力が身についているのかどうかを測るという点では、むしろ「高校卒業検定」のような仕組みを作るべきではないかという議論があります。管轄外かもしれませんが、これについては、どう思われますか？

山本　私もそういうことをやらないと、「大学で算数を教える」ような実態の、根本的な解決にはならないような気はします。

佐藤　高校に行かなくても大学受験資格を得ることができる大検（大学入学資格検定）は、「高等学校卒業程度認定試験」と名称を変えました。例えばあれを全体に課すようなことが、本来の姿なのではないかと思いますね。

池上　問題自体は、そんなに難しくはないのです。

山本　でも、今の大学生が、総じてあのレベルの学力を身につけているのかといえば、はなはだ疑わしい。

佐藤　教えている同志社の神学部の学生数人にやらせてみたことがあります。「こんなにできないのか」と、文句を言おうと思って（笑）。そうしたら、満点を取る学生もいて、低い学生でも七五点くらい。その話を東大から特任教授で来ている先生に話したら、「それは極めて例外的だ。ふつうは二割か三割しか取れませんよ」と言われました。

山本　優秀ですね。

佐藤　文科系なのにどうして数学が解けるのか聞いたら、一人の学生が「それは心外だ」と言うんですよ。「神学は数学と隣接している、と佐藤先生は本に書いているではないか。だから、私は高校で数学を捨てなかったのだ」と。

池上　先生冥利に尽きる話です。（笑）

佐藤　それは嬉《うれ》しかったのだけれど、それとは別に各学部の選《よ》りすぐりの学生を二〇人ほど集めてやった泊まりこみのプログラムでは、中学二年生レベルの数学の問題が解けない理系の学生もいました。要するに、学力のバラツキが非常に大きいのです。

山本　そうなのでしょうね。例えば、教育に熱心な親の元にいる子どもたちはフォローされるかもしれないけれど、そうでない子もいる。そういう一二〇万人の全体を、どう底上げしていくのかが、我々に問われているわけですね。上の二〇万人だけでいいんだという人もいるかもしれないけれど、その先に明るい未来があるとは、とても思えないですから。

先ほどの第四次提言に戻ると、それには、高校での「達成度テスト（基礎レベル）」の導入が謳《うた》われました。これが、おっしゃるようなレベルの学力を測る仕組みになると思うのですが、結局そのスキーム（枠組み）自体は採用されず、「学びの基礎診断」という形で、民間の試験を導入する方向で検討されています。

池上　民間の試験というと、新テストの英語と同じようにやるということですか？

山本　そうですね。まあ、いろいろ課題もあるとは思いますが。

池上　ちょっと受験産業のにおいがしますね。（笑）

高校、大学、受験産業。現場では三つのベクトルが動く

佐藤　ただ、現実問題として受験産業の作る試験問題には、すべてとは言いませんが非常によくできたものが多くあります。受験産業と組むことによって、一度定員割れになりながら、蘇ったような大学もあるんですよ。個々の学生の学力の欠損がどこにあるのかを調べて、丁寧にフォローした結果、偏差値レベルの引き上げに成功したのです。知の伝達とか判定とかにおいては、彼らのノウハウは侮れません。

とはいえ、あくまで産業ですから、「日本の教育はこうあるべき」といった視点は、そこにはありません。だから、受験産業とは、あくまでも付き合い方の問題だと思うのです。

山本　そういうノウハウを蓄積したところが、ガリバーになりやすい世界ですよね。もちろん、そこに学校教育が引っ張られるような形になってはいけない。

佐藤　さっきの山本さんの話に「高大接続」というキーワードが出てきましたけれど、

現実には、高校、大学、加えて受験産業という三つのベクトルというか専門家集団があって、それぞれが微妙に重なり合っているようで重なっていない感じが、私にはするのです。

大学は、高校で何を教えているのか、あんまり関心がない。高校のほうは、勉強を教える以外に生活指導をしなくてはならない、校内行事も部活もあってと、現場はくたくたになっている。このうえ、また大学入試が変わるのかと。（笑）

池上彰氏

他方受験産業は、そうしたこととは切り離された世界にいて、もっぱらその技術力でいかに多くの生徒を偏差値のより高い大学に押しこむかということしか頭にありません。同じ「教育」という言葉を口にしながら、頭の中では別のことを考えているわけです。

山本　おっしゃるとおりで、「高大接続だ」と言われだした頃は、大学は高校に出前授業に行くとか、オープンキャンパスをやって高校生に見てもらうとかの発想しか持てなかったことも事実です。そうではなくて、大学の教員が高校でどんな教育がなされているのかをきちんと把握したうえで、じゃあ自分たちはどんなふうにカリキュラムを組み立てていくべきなのかという方向にいかないと、掛け声倒れに終わる危険性があると思います。

今、高校で何が教えられているのかを最もよく知る大学の先生は、大学入試センター試験を作問する人たちかもしれません。彼らは、高校の教科書をくまなく読みます。

池上 高校で何を教えているのかを知らなければ、入試問題は作れないから。

山本 センター試験の作問委員になるということは、一番のＦＤだと言った人がいますけれど、私もそう思います。

池上 ＦＤとは、ファカルティー・ディベロップメントですね。大学教員の能力を向上させ、授業内容を改革するための組織的な取り組みのことです。

山本 日常的に使うので、つい専門用語が出てしまう。「広報」としては失格ですね。（笑）

作問に参加された先生たち自身も、教育に対する意識が非常に変わると、しみじみおっしゃるのです。裏を返せば、佐藤さんが指摘されるように、みんな高校で何をどのように教えているのか、実は知らないわけですね。もちろん、そこに参加されるのはごく一部の方ですが、いろんな形で高校の教育実態を知るというのは、大学の先生にとって非常に重要だと感じるのです。

佐藤　本当にそうですよね。私は外務省にいた頃、文部教官の発令を受けて、東大教養学部の専門課程で教えていたことがあります。その時初めて知って驚いたのですが、東大の教養には数Ⅲとか生物とか、高校レベルの授業が結構あるんですよ。東大生の中にも、そういう学力欠損が存在するということを前提に、カリキュラムを作っているのです。そこが、あの大学の強さでもあると私は感じました。他の多くの大学では、高校レベルのことは当然身についているだろう——というフィクションの下で講義をやるでしょう。

池上　全然「接続」してないわけですね。だから分からないし、つまらないし、それでやる気を失う学生が多数いるのが現実です。大学には、掛け声だけでなく、おっしゃるような部分にまで踏みこんだFDが必要でしょう。

佐藤　これも外交官時代に研修指導官をやっていた時の経験ですけれど、難関の外交官試験に合格してきた人間でも、科目間の学力にバラツキがあって、留学先のロシアの大学を退学になる例がありました。基礎学力の不足、特に数学と哲学史と論理あたりで引っ掛かってしまうのです。ロシアの大学はヨーロッパと同じような教育をしていますから、そういう人間は、たぶんヨーロッパに行っても引っ掛かる。そうしたケースをよくよく分析してみると、高校時代の問題を引きずっているわけです。私が「高大接続」に関心があるのは、そういう原体験の影響もあるのです。

山本　なるほど。

佐藤　加えて高校で特に気になるのは、私は「受験刑務所」と呼んでいるのですが、急速に東大とか早慶とかの合格者を伸ばしている新興の学校です。中高一貫の滅茶苦茶な教育のツケを背負っている人間が、これまたゴマンといるんですよ。例えば、中学一、二年生の時に数学がイマイチだとなったら、それに見切りをつけて、「英・国・社に絞って早慶を狙え」という指導をする。逆に理数系コースで進学実績を上げているような学校の卒業生は、文系科目がおろそかになるので、広島の原爆投下がいつの時代のことだったのかさえ分からなかったりする。

山本　本当ですか？

佐藤　本当です。社会に出てから困り果てて、「どのように勉強し直したらいいでしょう？」と相談に来る人が、驚くほどたくさんいるのです。そんな時には、「センター試験をベースに勉強しなさい」とアドバイスするんですよ。「基礎学力を見られるいい問題が並んでいるから」と。

山本　ありがとうございます。

佐藤　東大の哲学科出身の斎藤哲也さんが出した『試験に出る哲学——「センター試験」で西洋思想に入門する』（ＮＨＫ出版新書）という本があります。センター試験の倫理の問題を分析したら、そこに西洋哲学史の基本が織りこまれていた、という内容です。選択式の問題の中に作問者たちの哲学への思いを感じる、と。

池上　問題を解くうちに、ソクラテスもプラトンもニーチェも、その思想の基本が頭に入るという面白い本ですよね。

佐藤優氏

山本　それもありがたい指摘ですね。先生方が聞いたら喜ぶでしょう。選択式の問題は、ともすれば「ただ選ぶだけで、本当の学力が分かるのか？」などと批判されたりもするのですが、今のセンター試験の選択問題は、勘や当てずっぽうでどうにかなるような、軟なものではないですよ。もちろん、奇問・難問の類いでもありません。いろんなことを考えさせたうえで、「これが正答だ」という判断をさせるために、練りに練られているのです。

池上　センター試験の代名詞が、マークシート方式の選択問題。それが諸悪の根源のように言われるのだけれど、皮相な見方ですよね。

佐藤　クイズのひっかけ問題ではないから、試験場で考え抜かないと、正答にはいきつけないわけです。

山本　問題作成者が一番悩みぬくのは、実はそうやって考えさせるための「誤答の選択肢」づくりなんですよ。（笑）

佐藤　それは、とてもレベルの高い仕事です。

「文理融合」を本気で考えるべき

池上　ところで、ITをはじめとする先端技術が、仕事や生活にどんどん関わってくる時代に対応する人材を育成するために「文理融合」ということが言われ、実際にそういう学部を新設する大学も出始めましたよね。にもかかわらず、今の話のように高校の状況はむしろ逆行していて、一年生で文系、理系に分けたりする。我々の頃は、都立高校は三年生になって初めて分かれて、しかも私は文系でしたけれど、数Ⅲまで必修でしたからね。

佐藤　私たちの頃、母校の浦和高校では、文系クラスはなかったですからね。物理の授業が嫌だったのを覚えています。

山本　私は、高校は大阪でしたけれど、一応クラスは「理系」と称していながら、実体はぼやっとした感じでしたね。まさに「系」というのが相応《ふさわ》しかった。仕事でいろんな人たちと話していると、「いや、私は文系ですから」みたいなことを堂々と言われる方が、とても多いんですよね。おっしゃるように、高校時代に振り分けられることで、「自分は文系、理系」と刷りこまれて、その後の方向性を固定されてしまっているような気がします。

かく言う私自身も反省しているのですが、哲学、美術、音楽とか、大学時代にもっといろいろ勉強しておけばよかったな、とつくづく思うんですよ。そうすれば、もっと面白い発想ができたかなと。

佐藤　昨年（二〇一八年）春、母校の県立浦和高校を四〇年ぶりに訪ねて、小島克也校長と対談したんです。浦高時代の同学年なのです。彼に、自分たちの時は全科目をやらされたのに、今は文系・理系にどうして早く分けるのかを聞いたんですね。すると、独自に導入している単位制の絡みがあるのと、一年期の終わりに文系・理系の先生の定員を決めておかないと、今の制度内においては教員を確保できないのだ、という話をしていました。そういった技術的なところは、学校にとって与件ですから、非常に大変な面があるようです。

ちなみに、浦和高校は、「受験刑務所」とは無縁です。今も埼玉県内きっての進学校ですが、通年で塾通いをしている生徒は一割に満たない。部活を終えた生徒たちが、誰に強制されるわけでもなく、静かに自習していたりするのです。バスケットボール部の一年生が、トレーナー姿で数Ⅲの参考書を読んでいるのを目にして、ああ変わってないなと安心しました。

山本　校長や教頭先生がリーダーシップを発揮して、いろいろ面白い取り組みをしている学校もたくさんありますよね。ただ、一般論で言えば、高校で早い段階から文系・理系をはっきり分けてしまうことの弊害は、小さくないでしょう。高等学校教育改革の中でぜひ議論を詰めていってほしいと思っています。

入試に表れる〝ふたこぶラクダ〟現象とは？

佐藤 今も言いましたが、センター試験の問題自体は、国際基準の学識を測るという点から見ても、よくできていると思います。ただ、原則全教科受験という形になっていれば問題ないのだけれど、山本さんの説明にあったように、一科目つまみ食いできるとか、科目を自由に組み合わせられるとかで、試験が複雑系みたいになっているんですね。そこにさまざまな受験テクニックの入りこむ余地も生まれて、結果的にその良さが十分発揮できない状況になっているような気がします。

山本 おっしゃるとおりで、非常に複雑です。さらに今ご指摘のことに加えて、国公立だけだった共通一次の時とは違う、悩ましい問題があります。今、センター試験の受験生は約五五万人いるのですが、だいたい四分の一ずつ、四つのグループに分類できるんですよ。国公立専願、国公立・私立併願、私立専願、そして残りの四分の一は何かというと、大学から成績提供の請求がない人たちです。例えば、すでに推薦やＡＯ入試で合格しているけれど、一応受けておこうという人たちです。三〇年前とは、受験者層が様変わりしているんですね。

佐藤　そのとおりです。

山本　でも、自分が「残りの四分の一」の受験生だったらどうでしょう？　是が非でも高得点を取らなければ、という気持ちにはならないと思います。

池上　それはそうだ。（笑）

山本　その結果、誤解を恐れずに言えば、その層が平均点を引き下げることになるのです。ところが、そういう受験生も含めて平均点を六〇点程度にしようとすると、共通一次時代よりも、問題をかなり易しくせざるをえません。

佐藤　ということは、母集団が正規分布していないわけですね。グラフにすると、得点分布が真ん中で高くなるのではなくて、〝ふたこぶラクダ〟みたいなカーブになっている。

山本　そんなに極端なことにはなりませんが、分布の形としてはいびつになるのは否めません。

池上　平均点が下がると「今年の問題は難しかった」と言って騒ぐのだけれど、かつては国公立志望オンリーだった受験生が「多様化」すれば、平均点は下がって当たり前。テストの本来の趣旨からすれば、見かけの得点ではなく、共通一次時代の平均六〇点の問題レベルを維持するのが筋だと思うのですが。

山本　まったくそのとおりだと思います。ところが、メディアや高校サイドは、「難しくなったではないか」と言うわけです。

佐藤　「ますます学力が低下している」と言ったり。まず、実情をきちんと理解してもらう必要がありますよね。

山本　あえて付け加えれば、公平を期すという理由で、科目間の平均点に二〇点を超える差がついた時には、得点調整を行うことになっているんですね。これもメディアの大関心事ですが、どう調整するのか、そもそも調整することが「公平」なのかというのは理論的には難しい問題です。

池上　完璧な答えは、誰にも出せないいんじゃないですか。

山本　そうした試験の中身に関わる話は今までタブー視されていました。しかし、おっしゃるように実態を知ってもらわなければ、改革もままなりません。最初に言ったように、私は必要なことはできるだけ発信していこうと考えているんですよ。

ただし、今お話しした得点分布のデータなどは、ちゃんと理屈を聞いてもらえる時にはいい素材なのですが、それだけが独り歩きするとまた別の問題が生じたりする危険性があります。ですから、目的や場面に応じて、結構神経を使っているんですよ。内輪の話になりますけれど。

池上　今の指摘は、従来センターの内部の人たちしか知らなかった話ですが、大学入試の根幹に関わる問題ではないでしょうか。実態をオープンにして、教育関係者が正しい認識を持つ意味は、非常に大きなものがあると思います。

佐藤　同感です。

記述式の導入は高校生へのメッセージでもある

池上　では、二一年スタートの新テストの中身に話を進めましょう。なんと言っても注目されるのは、国語と数学の一部に記述式問題を採用することです。先ほども話に出たように、選択式であっても練りに練ったものを出題していたわけだけれど、あえて記述式の導入に踏み切ったのはなぜか？　同時に書かせるのはいいけれど、採点はどうするのか？　この点についてお聞かせください。

山本　我々は、二一年からの導入に向けて、高校生を対象にした試行調査（プレテスト）を一七年と一八年の二度実施しました。一八年の国語の記述式は、言語に関する二つの文章を読んで設問に答えるという問題。そこで問われたのは、二つを関連付けながら構成や展開を捉えるといった、テキストを正確に読み取る力、思考したことを表現する力です。

佐藤　実際に書かせる意味は大きいと思うんですよ。逆に言うと、記述式が入らない試験というのは、とにかく端から端まである種の物量主義で覚えこむ「パターン暗記」で、ある程度までは攻略できるんですね。受験生は若くて記憶力がいいですから。受験産業の得意なのは、そういうテクニックを叩きこむことにほかなりません。

山本　そうなんですが、実際には池上さんが指摘された採点の問題がまた、悩ましいわけです。選抜試験である以上、公平性、客観性のある採点が不可欠です。加えて、センター試験の結果が出る前に個別大学に出願しなければならない受験生が、何点取れたのか速やかに自己採点できないといけないという条件もある。大規模一斉試験の性質上、どうしても問える力は限られたものにならざるをえないのです。

今おっしゃった受験産業の問題についても、二、三年たったら、彼らは記述式問題必勝テクニックを売りにしているのではないかという気がします。解答欄には、必ずこういうことを書かないと駄目、とか。（笑）

池上　ありえますね、それは。そこが腕の見せどころ。（笑）

佐藤　どんな問題にしても、受験産業とのある程度のいたちごっこ自体は、避けられないでしょう。

山本　まあ、受験産業対策というわけではないのですが、問題は結構短いスパンで見直しをしていくことになるのではないかという感じを、個人的には持っています。そうしたことも含めて、我々は当然、より良い問題になるよう努力を続けたいと考えています。共通テストに記述式問題を入れるというのは、何より「こういう問題に対応できる力を鍛えよう」という、高校生に対するメッセージだと思いますから。

池上　大事な視点ですね。

山本　同時に、この場をお借りして言っておきたいのは、受験生の思考力、判断力、表現力といったものを記述式できちんと見るという点では、やはり大学の個別試験の役割が大きいと思うんですよ。入学者選抜においては、共通試験と個別試験が「両輪」であるべきで、共通試験になんでも盛りこもうというのは、違うと思います。

佐藤　盛りこもうと思っても、限界はある。

山本　実際には、センター試験イコール大学入試だと思っている人が、世の中にはたくさんいるんですね。採点に半年くらいの時間をいただけるのなら、記述式の理想的な問題を作って、じっくり学力を測ることも可能かもしれませんが、五五万人の受験生がいるわけですから。

池上　個別試験をきちんとやっている大学では、記述式問題は、一人の答案を二、三人の先生が見て、平均を取りますよね。それもなかなかに骨の折れる作業なのだけれど、真面目に学生を選抜しようと思ったら、そこで手を抜くわけにはいきません。

佐藤　大学入試センターの試験で基礎的な学力を見るから、その先は個々の大学が責任を持って学生を選ぶということですよね。

英語の試験に「話す」は必要なのか

池上　新テストでは、記述式問題の採用に加えて、民間の力も借りつつ英語力を四技能フルで測るという「改革」が行われます。この点については、どうでしょう？

佐藤　私の意見から言わせてもらうと、池上さんとの対談でも申し上げたように、この試験に少なくとも「話す」はいらないと思うんですよ。かつて私が受けた外交官試験の外国語は、英語だったら英文和訳と和文英訳のみ。これは明治時代から変わらないのだけれど、語学力に関してはそれで完璧に測ることができるのです。

山本　今の池上さんの質問には、ちょっと答えづらいですね。民間の活用という点から言えば、本来は大学入試センターがすべての問題を作り、時間をかけて評価していくということが許されればいいのですが、そういうわけにはいきません。そこはノウハウを持ったところにお任せして、後は公正にやっていただけるように見守っていくということですね。

私の立場でこんなことを言っていいのかどうか分かりませんが、大学教育の基礎力として四技能を均等に求めるのかどうか、もっと議論が必要だと個人的には思っています。

佐藤　理屈で考えてほしいのですが、後天的に身についた言語力で、読む力を、聞く力、話す力、書く力が上回ることは、絶対にないんですよ。読む力が「天井」で、同じ文章をしゃべれるけれど読めないということは、ありえないのです。

山本　少なくとも「共通テスト」では、大学で教育を受けるために必要な英語力を測定するわけですよね。もちろん分野によって異なりますが、最低限必要な力が何かと考えてみても、英語で書かれたいろんな文献などを読める力ではないでしょうか。少なくともそこをきちんと見ておきましょう、というスタンスがあってもいいのではないかと、私も思います。

佐藤　四技能を見れば英語の総合力が測れると考えているのかもしれませんが、これも対談でも言ったように、実際の試験では「話せる」帰国子女が圧倒的に有利になるでしょう。具体的に言えば、英語の四技能に秀でていて、新テストで満点に近い得点をした帰国子女は、他の科目は軒並み合格ラインに達していないにもかかわらず、志望校に合格する可能性があるということです。

大学でも、留学生はその母語では外国語の単位を取れないようにしているところもあります。楽勝で単位が取れてしまうのは、フェアネスの観点から問題だということですね。ましてや、公平性が大前提の「共通テスト」で、そういうことが許されていいのでしょうか。せっかく全体としてよくできた試験問題になりそうなのに、「英語四技能」を極度に重視するあまりに、肝心の学生の選抜に歪みが生じないか、私は心配しています。

山本　いろいろな方が、「一〇年近く英語を習ったのに、自分はろくに話せない。教育が間違っている」とおっしゃるのです。そうした意見が、四技能への拡充の背景にあったのでしょう。

佐藤　それは教育ではなく、本人の問題です。

池上　国際会議に出かけて、夜のパーティーで外国人と話をしようと思っても言葉が出てこない。いつも言うのですが、だったら語学力以前に自らの教養を問うべきですよね。話すべき中身がなければ、しゃべりたくても、しゃべれませんから（笑）。中身があって、どうしても英語でしゃべりたいというモチベーションがあれば、言われなくても英会話をマスターしようと勉強するでしょう。

佐藤　逆に言えば、ただしゃべれたらいいのか、ということです。英・米以外のいろんなところで英語が普及し、日常的に使われているのはどういうことかといったら、そういう国では、生活のためにそれを習得せざるをえないという事情があるからです。日本は、日本語空間の中で生活が成り立つわけで、そういう意味で「大国」なんですよ。

山本　先人のおかげで、高等教育も日本語で受けられるんです。

池上　そうです。みんなそれを当たり前だと思っているのだけれど。

佐藤　例えば、イギリスのブリティッシュ・カウンシルなどが運営する英検のＩＥＬＴＳ（アイエルツ）がありますよね。二〇一〇年から日本英語検定協会が、日本での共同運営を始めました。このＩＥＬＴＳには、アカデミック・モジュールとジェネラル・トレーニング・モジュールがあるのですが、後者はありていに言えば、移民労働者になるための英語です。最初からそういう試験をやっているわけですよ。言葉とは、そういうものです。

山本　そもそも、英語で挨拶ができて、オリンピックに来た人に道案内ができるぐらいしゃべれるようになったところで、学問もできなければ、商取引もできないでしょう。

佐藤　私は、スターバックスに行って、最近ほっとするのです。あそこでは一〇年ほど前には、例えば“caramel macchiato one, extra hot”とかいう「英語」が使われていました。文章に動詞も入らなければ、前置詞も入らない。

山本　単語だけをつなげる。

佐藤　これは pidgin English（ピジン・イングリッシュ）といって、植民地での英語なのです。要するに、命令を聞くためだけの言葉。しかし、最近は「キャラメルマキアート、一つ」「ミルク、熱くしてください」などと、店員が言うようになりました。「宗主国」のマニュアルどおりには、やらなくなったわけですね。

山本　マニュアルが変わったんじゃないですか。（笑）

佐藤　でも、あの pidgin English が大手を振って罷《まか》り通るようなことにならなくて、本当によかったと思う。わが国の文化はかろうじて維持された、とほっとしたわけです。

山本　今の話で思い出しましたが、アメリカに行った時に、ダウンタウンのファストフード店に入って注文しようと思ったら、店員が何を言っているのか分からないわけです。こちらは一応、向こうの先生たちと研究室では、なんとか会話できるのだけれども。

池上　ブロークンで聞き取れない。

山本　聞き返しても、やはり同じように言う。まさにマニュアルどおりで、「この相手は英語があまり得意ではないようだから、易しい言葉でゆっくり話してやろうか」という対応をしようともしないんですね。結果的にコミュニケーションが成立しないのです。

佐藤　やはり、英会話ができればいいという話ではないのです。もちろん、ブロークン・イングリッシュが試験問題になるわけではないのでしょうが、中途半端なレベルで「話す」ことを試しても、ほとんど無意味ですよ。

センター試験は「麻薬」にもなる

山本　ところで、先ほどセンター試験の作問の話をしましたけれど、どのくらいの時間をかけて作っているかご存じでしょうか？　私も大学入試センターに来るまで知らなかったのですが、二年近くかかっているんですよ。

池上　個別の大学の入試問題は、一月、二月頃に実施するのを、前の年の夏休みくらいから作り始めますよね。センター試験は、そんなにかかるのですか。

山本　先生方が問題を作り始め、最終稿を仕上げるまでの間、すべての高校教科書や、もちろん過去に出題された問題もチェックします。例えば現代社会と日本史では、問題がバッティングする可能性もありますから、そのあたりもぬかりなく調べて調整するわけです。

ですから、問題づくりに来ていただく先生方のご苦労は、並大抵ではないですよ。だいたい年間に四〇〜五〇日、センターに足を運んでいただきます。新テストが始まれば、もっと頑張っていただくことになるかもしれませんけれど。（笑）

佐藤　そこまで作りこまれているのだから、優れていないわけがない。基礎学力を見るという点では、東大や京大の二次試験問題でも太刀打ちできないと思います。

山本　先ほど倫理の問題についてご指摘がありましたが、どの科目の問題も非常に深くて、「うーん」と迷うような設問が並んでいます。決して「クイズ」ではなく、思考力を問われているのが私も実感できます。

池上　大変な努力をして、そういい問題を作り上げているのだということも、もっとアピールしてもいいのではないですか。

佐藤　そう思います。同時に、そういう「よくできたセンター試験」に甘えてきた大学も、数多くあるんですね。私立にとっては、これは「麻薬」の要素もあるということを指摘しておきたいのです。どういうことかというと、大学の側は受験料を取って、作問しなくていいわけですよね。

山本　大学入学試験の受験料はほぼ三万五〇〇〇円です。うち、センターが受験生からいただく検定料は、三教科以上の場合一万八〇〇〇円、二教科までは一万二〇〇〇円、受験生が成績通知を希望する場合はそれぞれプラス八〇〇円です。一方、私立大学のセンター試験利用入試の受験料はだいたい一万七〇〇〇円ですが、成績提供手数料としてセンターが大学から受け取るのは一人あたりわずか五七〇円です。

その差額は、大学に入るわけですね。合否判定をするためのコストはかかると思いますが。

佐藤　要するに、入試に係る事務手数料として、大学が一人あたり一万六四三〇円を受験生から徴収しているということになります。一万人が受験したら、ざっと一億六四〇〇万円ですよね。で、センター試験に依存する大学に限って、個別試験の問題作成を予備校に丸投げしたりするわけです。いくらで作ってもらうのかは基本的に公表されませんけれど、あるところで調べたら、驚くほど安かった。

池上　そうなんですか。

佐藤　すべてのケースがそうなのかは分かりませんけれど、そういう仕組みで入試をやれば、大学は毎年大儲けということになります。加えて、そうやって問題作成を請け負っている予備校が、当該大学の入試対策の講座を持っていたりする。これは、非常にまずい状況ではないかと思うのです。

山本　前にも言いましたが、大学入試センターの「共通テスト」と、大学の個別試験の意味をしっかり考えてもらいたいと思うのです。中には、センター試験の一部の科目の成績だけで合否を決めます、という大学さえあるわけですが、それで自らのアドミッションン・ポリシー、こういう学生を入学させようという方針を担保できるのか、という疑問は生じます。

佐藤　今教えている大学の授業で「平行線は交わる」という話をしたら、学生がポカンとしている。「高校の数ⅡBでやっただろう」と言ったら、「知りません」と。教科書を調べてみたら、非ユークリッド幾何学が、高校教科書から消えていたんですね。何を言いたいのかというと、予備校任せなどにせずに、大学の先生が真面目に入試問題を作っていれば、そういう変化にも気付くのです。

池上　まさに、高校で今何を教えているのかが分かる。

佐藤　そういうことです。それをやらないで「高大接続」を口にしても、何をか言わんやでしょう。

山本　まあ、そう言いながらも、大学が置かれている厳しい現実があるのは分かるのです。どんどん子どもが減ってくる中で、大学の経営というものを考えたら、あまりたくさんの科目を課すと受験生が集まらない。勢いセンター試験のつまみ食いになってしまう、という実態があるわけですね。今でも私大の三分の一ぐらいが定員割れという状況ですから。なかなか理屈だけではいかない、悩ましいところではあります。

池上　オープンキャンパスに行って名前を書いたら、もう合格通知が来た、みたいな話がありますからね。

山本　ありますね。

佐藤　私は、ある程度の淘汰が進むのは仕方がないというか、そうならざるをえないのではないかと思うんですよ。日本の十八歳人口は一九九二年の二〇五万人をピークに減少の一途をたどり、現在は一二〇万人くらいになっている。要するに半減です。その一方、九〇年前後には約五〇〇校だった大学は増え続け、現在、八〇〇校近くになっている。これは異常です。冷たい言い方かもしれませんが、大学の淘汰は必要だと思います。

批判の前に問題を見よ

山本　最初に「我々は単にテクニカルな話だけをしているのではない」と言いましたが、

とはいえ真の改革のためには「そもそもテストとは何か、どうあるべきか」という検討も必要なんですね。中教審（中央教育審議会）の答申を受けて設置された高大接続システム改革会議に、私も委員として名を連ねたのですが、残念だったのは二〇名の委員の中でテストの専門家と言えるのが二、三人しかいなかったことです。高大接続のまさに要として入試を変えるというのなら、半数ぐらいはその専門家がいて、提示されたやり方がテスト理論的に正しいかどうか、本当に測りたい学力が測定できるのか否か、といった精緻な議論をする必要がありました。測定できない力をいくら測ろうとしても、できないわけですから。

池上　それはそうですね。試験のやり方を変えようというのなら、その道のプロフェッショナルが議論の中心にいないと。

山本　会議には、各界から識者と呼ばれる方が来られて、それぞれの立場からいろんなことをおっしゃるわけです。特に教育は、自分も子どもも受けてきたから、みなさん何か一言持っているんですね。そうなると、話はなかなか「各論」にいかない。

佐藤　そういう会議には、テレビドラマの先生役が素晴らしかったから、などという人

が入ってきたりしますからね。（笑）

山本　例えば、いわゆる資格試験と競争的な選抜試験とは、性格が異なるんですね。今、毎年小学六年と中学三年が「全国学力・学習状況調査」をやっているでしょう。通称「全国学力テスト」なのですが、これはその名のとおり「調査」がメインなのです。到達度を調査する、広い意味での資格試験なんですよ。資格試験には、細かな識別性は必要ありません。定められた到達度を全員がクリアしているのならば、全員が合格でもいいわけです。

佐藤　運転免許と一緒ですよね。

山本　そういうことです。しかし、選抜試験はそうはいかない。定員が決まっているわけですから。シビアに順位を識別して合否を判断する必要があるのです。センター試験は、一番から五五万番までの成績の順番を付ける選抜試験といっていいでしょう。試験の性格が異なる以上、問題の作り方が同じであっていいはずがありません。ところが、会議では、ともすれば両者が一括りにされて語られたわけです。

事ほど左様に、選抜試験として妥当であるかどうかといった論点が、少しぼやけてしまった点は否めません。テストに長く関わってきた人たちから、「こんなことで大丈夫か」という懸念の声が提示されたのには、そういう背景もあると感じます。

池上　そこも今後の課題として、しっかり継承していってほしいですね。

山本　さらに少し残念だったのは、一度、教育再生実行会議のメンバーに大学入試センターを視察してもらったことがあるんですよ。その時、過去の問題をハードカバーをつけた冊子にして机の上に置いておいたのだけれど、いろいろ説明する間、誰もそれを開こうとしないのです。

佐藤　それが問題なのです。改革をやろうというのなら、少なくとも足元がどうなっているのかを確認しないと駄目でしょう。

山本　そういう気持ちもあって、わざわざ用意したのですが。

佐藤　今度の入試改革についても、「どうせ文科省のやることだろう」といったステレオタイプの批判があります。世の中には、ひとこと因縁をつけるのが評論家の役目みたいに思いこんでいる人も、たくさんいるわけです(笑)。でも、そういう人たちは、例えばプレテストの問題に実際に当たってみたのでしょうか？　私は、こうした問題を議論する時には、必ず自分で問題を解いてみます。

山本　池上さん、佐藤さんには、しっかり問題を見たうえで「面白い」とおっしゃっていただいたので、心強い限りです。

池上　私たちは、この世界にいて新テストを前向きに評価する、稀有な人間だと自覚しています。（笑）

山本　プレテストに関して言えば、二〇一七年の問題には、「読む量が多すぎる」という指摘が多くありました。小手先の技術でどうにかなるといったものではなく、本当の思考力とか読解力とかを見ようと思ったら、やっぱり問題文の字数は多くなるし、たとえ字数は少なくても、いろんな材料を時間をかけて読み解いてもらう必要があるでしょう。ただ、それにしても、受験生にとって大変すぎないか、と。

池上　特に一七年の国語は、確かに従来に比べて文字量がかなり多いなと感じました。

山本　記述式問題を入れるために、国語では試験時間を二〇分間延ばしますけれど、それで受験生が対応できるのか、という意見もありました。国語に限らず、地歴なども読む量が増えていて、ちょっと難しすぎるという結論に、全体としてはなったんですね。

それを踏まえて、一八年には問題文のボリュームを減らしました。そういう見直しも実行しながら、本番に備えているわけです。

池上　個人的には、一七年の問題を見た時に、このくらい読ませなくてはいけないんだな、という感想も持ったんですよ。あの問題に、改革の本気度を感じたようなところもあるのです。そういう意味では、ぜひ初志を貫徹してほしいというのが、私の願いです。

佐藤　同じく一七年のプレテストに関して言えば、現代社会では成年年齢を十八歳に引き下げた場合のメリット、デメリットを問う出題がありましたが、思考力を問うとてもよくできた問題でした。

四〇回の記録を公共財として残す

山本　今の、「実際の問題を見てもらいたい」という話に通じるのですが、今回の入試改革の中では、一一回の共通一次試験、ここまで二九回やったセンター試験、計四〇回の総括が、なんら行われていないんですよ。マークシート方式がウンヌンとかいうことは言われるのだけれど、実際どこに問題があったのか、成果は何か、という検証はほとんど行われなかったのです。それを踏まえて、「では、こう変えていこう」という方向に議論が進まなかったことは、やはり残念というしかありません。

池上　本来なら、やって終わりではなく、その都度評価が行われるだけでなく、それが蓄積されて実際に活用されていくべきなのですが、そういうメカニズムは働いてこなかった。それは、宝の持ち腐れでもありますよね。

山本　実は持ち腐れにさせないために、あと二年の任期のうちに、その部分を形にしたいと考えて、動き始めているんですよ。大学入試センターの試験が、日本の教育にどのような影響を与えてきたのかという事実を、きちんと整理したいのです。

先ほど説明したように、センター試験の問題は二年近くの時間を費やしてできあがるわけですが、我々の手元にはその間どのような議論を経て、問題素案がモディファイ（修正）されていったのかという記録が残っています。毎年、その年の試験終了後に高校の先生たちにお願いしている外部評価の結果もある。それらを精査すれば、例えば難易度をどう考え、識別力をどのように高めていこうとしたのかが、検証できるかもしれません。平たく言えば、「できる人にはできる、できない人にはできない」問題づくりのためのノウハウが、そうした過去の資料の中には、蓄積されているはずなのです。それらを引っ張り出して、まとめようと考え、今、資料収集などを行っています。

佐藤　それは素晴らしいプロジェクトだと思います。

池上　その本の中で、ドラフトはこうだったのだけれど、そこでこういういろんな観点からの議論があり、最終的にこうなりました、というメイキングの過程が見えたら面白いですね。すごく貴重な資料になるのではないですか。

山本　私が言うのも口幅ったいですが、四〇年間の「共通テスト」というのは、大事な公共財だと思うんですね。後の世にぜひ生かしていってもらいたいのです。

ともあれ、新しい入試制度もさまざまな課題を抱えながらスタートするのは事実で、お二方にはこれからもいろいろな評価やご意見などをいただきたいと思います。

佐藤　私は、時々大学の授業にセンター試験の問題を使うんですよ。受験で終わりではなく、「このレベルはクリアしておこう」というのに最適な問題が並んでいるので。そういう使われ方も、広がっていいのではないでしょうか。

加えて、単に基礎学力涵養だけではない使い方もできるように思います。先ほど例示した一七年のプレテストの「成年年齢を十八歳に引き下げたら、どんなプロコン（pros and cons＝メリット・デメリット）があるか」という設問などは、ディベートを意識したような非常に考えさせる問題で、大学生にぶつけるのも面白い。

池上　いろいろな場で共通テストの良さをアピールしていきたいし、それができるように進化していってほしいですね。

改革に試行錯誤は避けられない

佐藤　ずっとお話を聞いてきて、山本理事長が私が想像していたものをはるかに超える熱意を持って今の仕事に取り組んでいらっしゃることが、よく分かりました。

池上　想像以上に率直で、面白い方だというのも。（笑）

山本　いえいえ。（笑）

佐藤　理系だとおっしゃいましたが、もともとの専門は何ですか？

山本　専門は農薬環境科学です。先ほど、テストの改革を論議する場にテストの専門家がほとんどいない、という話をしましたよね。私が特別それをおかしいなと感じるのは、環境省と農林水産省の委員会の委員もやっているからかもしれません。そういう場で農薬の基準値を決めたりするのは、ほとんどその道の専門家なんですよ。本体の中央環境審議会に行っても、弁護士さんとか消費者団体の代表とかがおられますけれど、議論の原案となるような部分は、全部専門家が科学的な視点に基づいて作成するわけです。それに比べると、今回の入試改革の議論にはテストの専門家の参加が十分ではなかったという印象です。

池上　人選も含め、中教審は問題が多いですね。

佐藤　今の仕事のやりがいは、一番どこに感じていますか？

山本　それは想定外の質問ですね（笑）。センターの理事長は、国立大学の学長経験者がだいたい三年から六年ぐらい務めるポジションなのですが、私はたまたま国立大学協会の入試委員会の副委員長をしていた一年後にちょうど理事長の交代期になって、テストの「テ」の字もまったく知らない状態で着任しました。その状態からいろいろ勉強し経験する中で、やりがいというか、特に最近はこれはなんとかしないといけないと考えるようになったわけです。

池上　そこで、こういう場にも出てこようと思われたわけですね。

山本　そうなのです。その背景は話してきたとおりなのですが、特に問題意識としてあるのは、高校の教育改革というか、早くから文系・理系の色分けをして進路を決めろと急《せ》かすようなことをせずに、もっともっと自由にいろんなことを学んだり経験したりする環境が作れないのか、ということですよね。大学にしても、何々学部の何々学科に合格したら、もうその道をずっと行かなければならないでしょう。転学科、転学部の制度はあるけれど、もう少し広く、哲学から自然科学までいろんなことが自由に勉強できる期間、環境が必要ではないのかな、と。

そういう意味では、センターの共通テストの問題は、結構幅広く、いろいろな分野から出題されていると思うのです。そうした部分はちゃんと守りながら、改革を進めていかなければならないでしょう。ともあれ、高校生たちが混乱を招かずに進学先の選択ができるよう、公正な問題を提供したい。ミスは起こしてはいけない、というのが一番強

い思いですね。やっぱり、佐藤さんの質問にはまっすぐ答えられていませんが。（笑）

佐藤　いえ、私は山本さんが研究者であると同時に、やはり本当の教育者だと思いました。大学の先生が専門分野から抜け出すのは、なかなか大変なのです。いろんな人にいろんなことを言われるし。まして行政の仕事をやったりすれば、だいたい白い目で見られますから。

山本　そうですね。

佐藤　高校生たちへのきちんとした知の継承が大切で、その土台をつくるべく使命感に燃えているのだということが、伝わってきました。今日はとても勉強になりました。

山本　いやいや、そんな大志を抱いているわけではありません。

佐藤　いよいよ新テストがスタートしますけれど、最初からカチッと動くシステムってないんですよ。試行錯誤を続けながら最適に近づけていくしかないでしょうね。一〇年くらいはそんな状態なのではないですか。

山本　そう言っていただけるのはありがたいのですが、共通テストというのは、受験生にとっては一期一会ではないけれど、その時の成績で概ね進路が決まってしまうものなんですね。試験に大きな問題があって志望する大学に合格できなかった、というようなことが起きたら、責任の取りようがないわけです。

佐藤　その時は、人生には運とか巡り合わせというものがある、という重要な教訓をそこで得たらいいのです。(笑)

池上　そうそう。少なくとも、下手な大学に受かるよりも、大きな糧になるはずですよ。

山本　お二人からは、これからも忌憚なきご意見を伺いたいと思います。

あとがき

一九七九年四月に同志社大学神学部に入学してから、私は毎日、必ず聖書を読むことにしている。この習慣が二週間だけ中断されたことがある。私は、北方領土交渉絡みの鈴木宗男事件に連座して、二〇〇二年五月十四日に、当時勤務していた外務省外交史料館で東京地方検察庁の検察官によって逮捕され、東京拘置所の独房に勾留された。逮捕翌日、弁護人が面会にやってきた。その時私は、「聖書を差し入れてください。プロの牧師が使う聖書で、日本聖書協会が発行している新共同訳聖書の旧約続編・引照付き聖書をお願いします。銀座の教文館で売っています」と頼んだ。弁護人は、さっそく、教文館のキリスト教書売り場で、この聖書を買って、翌日、拘置所の差し入れ窓口に提出したが、私に届くまで二週間かかった。文字に印をつける形で暗号が仕掛けられているのではないかと、拘置所が警戒して、検閲に時間がかかったからだ。

同志社大学神学部と同大学院神学研究科で学んでいた頃は、「ヨハネによる福音書」を読むことが多かった。ロゴス（言葉）としての神が人間（イエス・キリスト）になるという神学用語で言うところの受肉論が面白かったからだ。拘置所に入ってから『使徒言行録』を読むことが多くなった。イエスの死後、弟子たちの行動と発言を記録した書だ。弟子たちは、諍《いさか》いばかり起こしている。ペトロ、ステファノ、パウロなど、かなりアクの強い人々が展開する物語だ。その中で、もともとはキリスト教徒を弾圧するユダヤ教のファリサイ（パリサイ）派に属していたが、ダマスコ（ダマスカス）に行く途上、光に打たれ、幻の中でイエス・キリストと出会い、回心し、使徒になったパウロに強く惹《ひ》きつけられるようになった。パウロは、優れた教育者である。とりわけ、エフェソの長老たちに別れを告げる時に述べた以下の言葉が好きだ。

「わたしは、他人の金銀や衣服をむさぼったことはありません。ご存じのとおり、わたしはこの手で、わたし自身の生活のためにも、共にいた人々のためにも働いたのです。あなたがたもこのように働いて弱い者を助けるように、また、主イエス御自身が『受けるよりは与える方が幸いである』と言われた言葉を思い出すようにと、わたしはいつも身をもって示してきました」（『使徒言行録』二〇章三三〜三五節）。

人間は、他人から搾取、収奪して生きてはならない。他人のためになる行動を具体的にとる必要がある。イエス・キリストが説いた「受けるよりは与える方が幸いである」という考え方が教育の基本に据えられるべきと考えている。

過去数年、私の関心が、内政や外交から教育にシフトしている。その理由は、日本が危機的状況から脱出するために、偏差値競争から抜け出して、真に知識を得て、活用するような教育を定着させることが、少し時間はかかるが、着実かつ効果的な方法と考えているからである。教育を強化しないと、内政も外交も強くならない。

この対談に応じてくださった池上彰氏と編集の労をとってくださった中央公論新社の中西恵子氏に深く感謝申し上げます。

二〇一九年三月十九日、東京にて

佐藤　優

本書は、『中央公論』二〇一八年七、九月号、一九年二月号に掲載した記事に、紙幅の都合上、掲載できなかった箇所を大幅に加え、全体を再構成したものです。

構成／南山武志
本文DTP／市川真樹子

ラクレとは…la clef=フランス語で「鍵」の意味です。
情報が氾濫するいま、時代を読み解き指針を示す
「知識の鍵」を提供します。

中公新書ラクレ
653

教《きょう》育《いく》激《げき》変《へん》

2020年《ねん》、大《だい》学《がく》入《にゅう》試《し》と学《がく》習《しゅう》指《し》導《どう》要《よう》領《りょう》大《だい》改《かい》革《かく》のゆくえ

2019年 4 月10日発行

著者……池上《いけがみ》 彰《あきら》 佐藤《さとう》 優《まさる》

発行者……松田陽三

発行所……中央公論新社
〒100-8152 東京都千代田区大手町 1-7-1
電話……販売 03-5299-1730 編集 03-5299-1870
URL http://www.chuko.co.jp/

本文印刷……三晃印刷
カバー印刷……大熊整美堂
製本……小泉製本

Published by CHUOKORON-SHINSHA, INC.
Printed in Japan ISBN978-4-12-150653-5 C1236

中公新書ラクレ　好評既刊

L599 ハーバード日本史教室
佐藤智恵 著

世界最高の学び舎、ハーバード大学の教員や学生は日本史から何を学んでいるのか。『源氏物語』『忠臣蔵』から、城山三郎まで取り上げる一方、天皇のリーダーシップについて考えたり、和食の奥深さを学んだり……。授業には日本人も知らない日本の魅力が溢れていた。アマルティア・セン、アンドルー・ゴードン、エズラ・ヴォーゲル、ジョセフ・ナイほか。ハーバード大の教授10人のインタビューを通して、世界から見た日本の価値を再発見する一冊。

L639 米中衝突
—危機の日米同盟と朝鮮半島

手嶋龍一＋佐藤 優 著

米朝首脳会談を通じて「恋に落ちた」と金正恩を讃えるトランプ。北朝鮮の背後にあって「海洋強国」を目指す習近平の中国。朝鮮半島は中華圏に引き寄せられ、日本は米中衝突の最前線で烈風に曝されつつある。「米朝開戦か！」と騒がれていた2017年秋、早くも「米朝はいずれ結ぶ」と言い当てたインテリジェンスの巨匠2人が、「新アチソンライン」という新たな視座とともに提示する驚愕のシナリオとは。日本の危機を直視せよ！

L651 続・孤独のすすめ
—人生後半戦のための新たな哲学

五木寛之 著

人は本来孤独を恐れるべきものだろうか。あるいは、孤独はただ避けるほうがいいのか。私は孤独の中にも、何か見いだすべきものがあるのではないかと思うのです。（中略）孤独の持っている可能性というものをいま、私たちは冷静に見つめ直すときにさしかかっているようにも感じるのです（本文より）。——30万部の大ベストセラー『孤独のすすめ』、待望の続編！ 世に流布する「孤独論」を退ける、真の「孤独論」がここに完成した。